X

GRAMMAIRE FRANÇAISE.

AVIS DE L'ÉDITEUR.

Cette grammaire élémentaire se compose de la première, deuxième, et d'un extrait de la troisième partie de la *Grammaire à l'usage des Écoles normales primaires, des Écoles primaires supérieures*, du même auteur.

Imprimerie de Mme HUZARD (née Vallat la Chapelle), rue de l'Eperon, n° 7.

GRAMMAIRE

FRANÇAISE,

ANALYTIQUE ET PRATIQUE,

A L'USAGE

DES ÉCOLES ÉLÉMENTAIRES;

PAR J. DESSIAUX,

Directeur de l'École primaire supérieure d'Issoudun, Membre de la Société
grammaticale de Paris; de la Société royale des Sciences, Belles-Lettres et
Arts d'Orléans; auteur de l'Examen critique de la Grammaire des Gram-
maires; l'un des rédacteurs du Journal grammatical, philosophique et litté-
raire de la Langue française.

PARIS,

BEAUJOUAN, ÉDITEUR,

PLACE SAINT-ANDRÉ-DES-ARCS, N° 32.

1838.

GRAMMAIRE

FRANÇAISE.

INTRODUCTION.

1. — Pour se communiquer leurs pensées,
les hommes ont trouvé trois moyens : les gestes,
la parole, l'écriture. Le langage des gestes ne
concerne point la grammaire.

2. — *Parler*, c'est exprimer ses pensées par
la voix ; *écrire*, c'est tracer des caractères qui
représentent les pensées. En parlant et en écrivant on emploie des mots. Un mot est le signe
d'une idée, susceptible d'être prononcé.

3. — Un mot se prononce par une ou plusieurs émissions de voix ; chaque émission de
voix prend le nom de syllabe ; et, selon que les
mots ont une, deux, trois, plusieurs syllabes,
ils sont *monosyllabes, dissyllabes, trissyllabes,
polysyllabes.*

Chaque syllabe se rend par un son pur, comme
a, e, o, etc., ou par un son modifié *ba, dre,
plo*, etc.; cette modification du son se nomme
articulation.

4. — Les sons et les articulations ont été re-
présentés par des caractères élémentaires que
l'on nomme *lettres*. Le recueil des lettres qui
servent à former les mots d'une langue en est
l'alphabet.

5. — Les lettres destinées à représenter les
sons ou voix sont appelées *voyelles ;* celles qui

I

représentent les articulations se nomment *consonnes* (sonne avec).

6. — L'alphabet français comprend vingt-cinq lettres, parmi lesquelles se trouvent cinq voyelles : *a, e, i* ou *y, o, u;* et dix-neuf consonnes : *b, c, d, f, g, h, j, k, l, m, n, p, q, r, s, t, v, x, z;* elles se prononcent *be, ce, de, fe,* etc., et sont toutes du genre masculin, d'après la moderne épellation (*).

Pour avoir le tableau complet des articulations de notre langue, il faut ajouter *ch, gn, ill* (comme dans *chou, agneau, paille*); on les nomme *consonnes composées* sous le rapport des signes, et *gn, ill* sont dites mouillées.

7. — Relativement à l'organe affecté dans l'articulation, les consonnes se divisent en *gutturales, linguales, nasales, palatales, labiales, dentales,* etc. : relativement à la force que l'on met dans l'émission de l'air en articulant les consonnes, elles se divisent en *fortes* et en *faibles,* sans cesser d'appartenir au même organe.

Fortes : *c, k, q — f — ch — s — p — t.*
Faibles :   *g — v — j — r — b — d.*
Nasales..................... *m — n.*

8. — Les consonnes ne devraient avoir qu'une valeur, cependant il y a des exceptions ; ainsi, dans le mot *Gange,* le *g* a sa valeur propre et une valeur accidentelle.

9. — La lettre *h* est dite *muette,* quand elle n'a aucune valeur, comme dans *l'homme, l'histoire;* elle est dite *aspirée,* quand elle empêche la liaison du mot qu'elle commence avec celui qui le précède : *la haine, le hameau;* mais comme il

---

(*) En mathématiques on conserve l'ancienne épellation : *bè, cè, dè, èfe, ka, èle, ème,* etc.

n'y a pas de véritable aspiration dans notre langue, le nom d'*aspirée* donné à cette lettre est impropre : à bien prendre le *h* n'est même plus une consonne.

10.— Les sons de la langue française comprennent : 1° cinq voyelles simples : *a, e, i, o, u*; six voyelles composées sous le rapport de la représentation graphique : *eu, ou, an, in, on, un*; ces quatre dernières sont appelées nasales, parce qu'on les prononce du nez : ce sont les voyelles *a, é, o, eu* modifiées de cette manière.

11.— Il y a trois sortes d'*e*, l'*e* muet, l'*é* fermé, l'*è* ouvert; ils tirent leurs noms de l'ouverture de bouche plus ou moins grande qu'ils exigent pour être prononcés.

L'*e* muet est ou sourd, comme dans les monosyllabes : *je, me, le, de*, etc. ; ou nul, comme dans il *prie, paiement, homme.*

L'*é* fermé est ou accentué, comme dans *répété*, ou adhérent à une consonne : *rocher, nez.*

L'*è* ouvert est aussi ou accentué ou adhérent à une consonne : *père, terre.* Il y a même une quatrième espèce d'*é*, qui tient le milieu entre l'*é* fermé et l'*è* ouvert ; on l'appelle aigu, comme dans *chef, pièce, trompette.*

12. —Des voyelles simples ont des voyelles composées équivalentes : *ai, ei*, pour *è*, dans *chaîne, reine; au*, pour *o*, dans *étau.*

13.—L'*y* (grec) a la valeur de l'*i* simple entre deux consonnes : *style, tyran;* il a la valeur de deux *i* entre deux voyelles : *moyen, appuyer.* **Pays** se prononce *pai-is* (*).

(*) On donne improprement le nom d'*i grec* à cette lettre : c'est l'*u* grec que l'on a dénaturé.

14.—On appelle *diphthongue* la réunion de deux voyelles dans une même syllabe ; ainsi les mots *bien*, *buis*, *bois* renferment des diphthongues : la dernière, *oi*, particulière à notre langue, se prononce maintenant *oa*. Ne confondez pas une diphthongue avec une voyelle composée.

15. — Pour indiquer la valeur de quelques voyelles, on se sert de quatre signes : trois accents et un tréma.

1°. L'accent *aigu* (´) qui se met sur l'*é* fermé, quand il termine la syllabe : *pénètre*.

2°. L'accent *grave* (`) qui se met sur l'*è* ouvert, soit quand il termine la syllabe, *père*, soit devant *s* final, *progrès*. On ne le met cependant pas dans les monosyllabes, *mes*, *tes*, *ses*, *les*, *des*, *ces*.

3°. L'accent *circonflexe* (^) qui s'emploie pour alonger le son d'une voyelle : *âge*, *tête*, que l'on écrivait autrefois *aage*, *teste*; cet accent marque donc en même temps la suppression d'une lettre (surtout du *s*) dans l'ancienne orthographe.

L'accent grave et le circonflexe, modifiant le son de la voyelle qu'ils affectent, augmentent ainsi le nombre des *voix* de notre langue. Ils servent encore comme signes de distinction entre certains mots, ce que nous verrons plus loin.

4°. Le *tréma* (¨) est un double point que l'on met sur une voyelle pour la faire prononcer séparément de celle qui précède : *Saül*, *naïf*. Le tréma indique aussi qu'il faut prononcer l'*u* dans *ciguë*, *aiguë*, etc., tandis qu'il est nul dans *figue*, *brigue*, etc.

16. — La voyelle *longue* est celle que l'on

prononce avec un certain prolongement de son ;
la voyelle *brève* est celle que l'on prononce rapi-
dement.

a, long dans *pâte*, est bref dans *patte* ;
e, long dans *nez*, est bref dans *né* ;
i, long dans *île*, est bref dans *il* ;
o, long dans *côte*, est bref dans *cotte* ;
u, long dans *ruse*, est bref dans *Russe* ;
eu, long dans *jeûne*, est bref dans *jeune* ;
ou, long dans *voûte*, est bref dans *route* (*).

17. — Outre les signes de prononciation, on
fait encore usage de trois signes orthographi-
ques : 1° la *cédille* (ç), que l'on place sous le ç
pour donner à cette consonne la valeur du *s*,
devant *a, o, u : façade, leçon, reçu* (**) ;

2°. L'*apostrophe*, qui marque la suppression
d'une lettre entre deux mots : *c'est* pour *ce est,*
l'ame pour *la ame* ;

3°. Le *trait d'union* ou *tiret* (-), petite barre
qui marque l'union intime qui existe entre plusieurs mots : *dix-huit, c'est-à-dire*, etc. Nous
reviendrons sur l'emploi de ces signes.

Division.

18. — Toutes les fois que l'on exprime ses
pensées avec développement, on fait un discours.

Dans la phrase qui précède, les mots *toutes,*
les, fois, que, l'on, exprime, ses, etc., énon-

(*) En passant du masculin au féminin, du singulier au
pluriel, la même voyelle de brève devient longue : *né,*
née ; bonté, bontés. Dans *né, née*, le son devient long, mais
il est identique ; dans *bette*, il est aigu et bref ; dans *bête*,
il est long et, de plus, grave.

(**) Dans le principe, ce signe était un petit *z*, et *cédille*
est la corruption de *zédille*.

cent des idées différentes, et ne sont pas, par conséquent, de même nature.

19. — On distingue, dans notre langue, neuf espèces de mots que l'on appelle *parties du discours ;* ce sont le *nom* ou *substantif,* l'*article,* l'*adjectif,* le *pronom,* le *verbe,* l'*adverbe,* la *préposition,* la *conjonction* et l'*interjection.*

De ces neuf espèces de mots, les cinq premières sont variables, c'est-à-dire qu'elles admettent un changement dans leur orthographe ; les quatre dernières sont invariables.

20. — On peut considérer les mots ou selon la nature des idées qu'ils expriment, ou selon la manière de les écrire, ou selon la manière de les combiner ensemble pour exprimer ses pensées, ce qui divise l'art de parler et d'écrire en trois parties : la *classification,* l'*orthographe* et la *syntaxe.*

21. — L'ensemble des règles qui constituent l'art de parler et d'écrire correctement une langue se nomme *grammaire.* La *grammaire* française est donc l'art de parler et d'écrire correctement en français.

PREMIERE PARTIE.

22. — *La classification* est la partie de la grammaire qui a pour but de faire connaître la nature et la valeur spécifique des mots.

CHAPITRE PREMIER.

DU NOM OU SUBSTANTIF.

23. — Le *nom* ou *substantif* est un mot qui désigne un être corporel : *homme, arbre, table ;* ou incorporel : *blancheur, courage, justice.*

24. — Le nom est appellatif ou propre : 1° le nom *appellatif* (dit commun) est celui qui convient à tous les objets de la même espèce, ou qui distingue un être quelconque des êtres d'une nature ou d'une espèce différente : *homme, ville, blancheur ;*

2°. Le nom *propre* est celui qui distingue un ou plusieurs individus, personnes ou choses, des autres individus de la même espèce : *Pierre, Voltaire, Paris, les Bourbons* (*).

25. — La différence des sexes a fait établir naturellement une distinction dans les substantifs, celle des *genres.* Il y a deux genres : le *masculin,* qui convient aux noms des êtres

---

(*) Nous regardons les noms de peuples comme des noms appellatifs, car *Espagnol, Européen* sont à *homme* ce que *peuplier,* etc., est à *arbre.*

La distinction des noms collectifs est insignifiante (**V.** la Syntaxe.)

mâles, *roi*, *lion*, etc.; le *féminin*, qui convient aux noms des êtres femelles, *reine*, *lionne*, etc.

Cette distinction s'est étendue, par imitation, aux substantifs de choses inanimées, *le livre*, *la maison*. Le genre représente donc le sexe réel ou supposé des êtres.

26. — Beaucoup de substantifs qui désignent des professions, des emplois ordinairement exercés par des hommes, conservent le genre masculin, même quand on les applique à des femmes, tels sont *chef, général, écrivain, garant, peintre, poète, médecin, soldat, témoin, agresseur, professeur, successeur, graveur, auteur,* et d'autres mots en *eur*.

Molière et Voltaire ont dit une *philosophe*; J.-J. Rousseau a employé *amatrice*, l'usage préfère *amateur* pour les deux genres.

Les noms *védette, estafette* sont féminins, quoique désignant des êtres mâles. *Sentinelle*, autrefois féminin, est aujourd'hui des deux genres.

27 — Quelquefois, pour distinguer le mâle de la femelle, on s'est contenté de changer la terminaison du substantif, d'après certaines règles qui seront développées au chapitre de l'adjectif : *lion, lionne; loup, louve; tigre, tigresse;*

D'autres fois on a donné des noms différents au mâle et à la femelle : l'*homme*, la *femme*; le *bélier*, la *brebis*; le *bœuf*, la *vache*.

Souvent on s'est servi du même mot, soit masculin, soit féminin, pour le mâle et la femelle, le *rat*, le *corbeau*, le *brochet*; la *baleine*, la *bécasse*, etc.

28. — *Globule* est dérivé de *globe*, *maison-*

nette de *maison*, *pellicule* de *peau*; ces mots sont des diminutifs.

29. — Les objets peuvent être considérés ou individuellement ou collectivement, de là les idées de nombre. Il y a deux nombres : le *singulier*, qui indique un seul objet, un *homme*, le *livre*; le *pluriel*, qui indique plusieurs objets, des *hommes*, les *livres*. Le nombre représente donc l'unité ou la pluralité des êtres.

Formation du pluriel dans les noms.

30. — On a remarqué que le substantif, en passant du singulier au pluriel, a varié dans sa finale, d'où cette règle : Pour former le pluriel des substantifs, on ajoute un *s* au singulier : un *homme*, une *maison*, des *hommes*, des *maisons*.

31. — *Exceptions et remarques.* 1°. Les noms terminés au singulier par *s*, *x*, *z* n'éprouvent aucun changement au pluriel : le *bras*, les *bras*; la *voix*, les *voix*; le *nez*, les *nez*. Le mot *remords* peut perdre le *s* en poésie.

2°. Les noms terminés par *au* et par *eu* prennent *x* au pluriel : le *bateau*, les *bateaux*; le *feu*, les *feux*.

3°. Les cinq mots *caillou*, *chou*, *genou*, *hibou*, *pou* prennent également *x* au pluriel : l'usage est partagé sur *bijou*, *joujou*, *verrou*; les autres noms en *ou* prennent *s* : les *clous*, les *filous*, etc. Ici l'absurdité est frappante, préférons la règle générale en écrivant les *caillous*, etc.

4°. Les substantifs terminés par *al* font leur pluriel en *aux* : le *mal*, les *maux*, etc. Cependant *bal*, *régal*, *carnaval*, *chacal*, *cérémonial* prennent *s* : les *bals*, les *régals*, etc.

5°. Les six noms *bail*, *travail*, *corail*, *soupi-rail*, *émail*, *vantail* font leur pluriel en *aux* : *baux*, *travaux*, etc. Cependant, *travail* fait au pluriel *travails* dans deux cas : 1° quand il désigne une machine dont on sert pour ferrer les chevaux vicieux ; 2° quand il désigne le compte qu'un subordonné rend à son supérieur des affaires dont il est chargé.

Ail fait *aux*, mais ce pluriel est rarement usité (*). *Bétail* n'a pas de pluriel, il est presque synonyme de *bestiaux*, qui n'a pas de singulier. Les autres noms en *ail* forment leur pluriel régulièrement : les *bercails*, les *sérails*, etc.

6°. *Aïeul* fait au pluriel *aïeux*, dans le sens d'ancêtres ; mais on dit les deux *aïeuls*, pour désigner le grand-père paternel et le maternel ; de là *bisaïeuls*, *trisaïeuls*, mots qui n'ont pas d'autre pluriel.

7°. *OEil* fait au pluriel *yeux* ; mais on dit des *œils* de bœuf (*lucarnes rondes ou ovales*), des *œils* de perdrix (*terme de broderie*). On devrait dire aussi les *œils* de la soupe, du fromage ; l'Académie n'est pas de cet avis.

8°. *Ciel* fait *cieux* ; mais on dit des *ciels* de lits, de carrières, de tableaux ; on dit même dans le sens de climat : les beaux *ciels* de l'Italie et de la Provence.

9°. Les noms polysyllabes terminés par *ant* et par *ent* peuvent perdre le *t* au pluriel ; ainsi l'on écrit : les *enfans*, les *présens*, ou les *enfants*, les *présents*. Cette suppression du *t* a quelques

---

(*) La Fontaine a dit trente *aulx*. Rollin, *Hist. anc.*, t. 1, a dit les *ails*. Bien des gens disent des *aus*. Les nombreux homonymes de *aulx* lui ont fait tort.

inconvénients, il vaut mieux s'en abstenir. Dans les monosyllabes, la suppression du *t* n'est pas permise : les *gants*, les *dents*. Il vaut mieux conserver le *t* dans tous les cas.

32. — Il y a des substantifs qui n'ont pas de pluriel : la *faim*, la *candeur*, le *firmament*, l'*argent*, etc. Il y en a d'autres qui n'ont pas de singulier : *ancêtres*, *appas*, *dépens*, *frais*, *fonts*, *frimas*, *matériaux*, *pleurs*, *vitraux* (*), etc., sont du masc.; *annales*, *armoiries*, *besicles*, *broussailles*, *décombres*, *funérailles*, *mathématiques*, *mœurs*, *prémices*, *ténèbres*, *vêpres*, etc., sont du fém. (Ce chapitre a un supplément placé après la 2ᵉ partie de cet ouvrage.)

CHAPITRE II.

DE L'ARTICLE.

Le remords se réveille *au* cri de *la* nature. (De Bel.)

33. — Les substantifs appellatifs sont ordinairement précédés des mots *le*, *la*, *les*; ce sont les articles. Le se met devant un nom masculin sing., le *rosier*; la se met devant un nom féminin sing., la *rose*; *les* sert pour les deux genres au pluriel, les *rosiers*, les *roses*. Ainsi, l'*article* est un petit mot qui se place devant les noms communs ou appellatifs pris dans une signification déterminée, et qui en marque le genre et le nombre.

La signification d'un substantif est déterminée toutes les fois qu'il particularise clairement l'ob-

_____

(*) Il y a des *vitrails* et des *vitraux*.

jet qu'il désigne, comme dans ce paradoxe de
Boileau :

Le plus sot *animal*, à mon avis, c'est *l'homme.*

34. — On remplace la voyelle des articles *le,*
la par une apostrophe, si le mot suivant commence par une voyelle ou un *h* muet : l'*ami*,
l'*histoire*; c'est ce que l'on nomme *élision.*

35. — Dans ces phrases : L'ami *du* roi plaît
au roi, l'ami *des* enfants plaît *aux* pères et *aux*
mères, *du* est mis pour *de le, au* pour *à le; des*
est mis pour *de les, aux* pour *à les.* Cette réunion
de l'article avec les prépositions *à, de* se nomme
contraction; ce qui divise les articles en *simples*
et en *contractés* ou *composés.*

Le ne se contracte que devant une consonne,
la ne se contracte jamais.

36. — Dans cette phrase : j'ai mangé *du* pain,
de la viande, *des* fruits, l'article est dit *partitif,*
parce qu'il fait prendre dans un sens de *partie*
le nom auquel il est joint; il y a ellipse ou omis-
sion d'un mot : une *partie,* un *morceau,* une
portion du pain, etc.

CHAPITRE III.

DE L'ADJECTIF.

Ce Dieu *puissant* est *notre premier* père. (VOLTAIRE.)

37. — Dans cette phrase, le substantif *Dieu*
est modifié par les mots *ce* et *puissant,* et le
substantif *père* par les mots *notre* et *premier;*
ces mots sont des adjectifs; donc, l'ADJECTIF est
un mot qui marque la qualité ou la manière

d'être de la personne ou de la chose désignée
par le nom auquel il se rapporte.

38. — Mais les adjectifs *ce*, *puissant*, *notre*,
premier n'expriment pas des idées semblables,
d'où le partage des adjectifs en deux classes :
les *qualificatifs*, les *déterminatifs*.

ADJECTIFS QUALIFICATIFS.

Des cheveux *blancs* toujours inspirent le respect,
Et l'enfant *sage* et *bon* s'incline à leur aspect.

39. — L'adjectif *qualificatif* exprime une qualité physique ou morale de l'objet désigné par le
substantif.

40. — Certains adjectifs qualificatifs deviennent quelquefois de vrais substantifs : le *sage*
préfère le *bon* au *beau*.

41. — 1°. Certainement l'athéisme ne rend pas les
hommes *meilleurs*. (VOLTAIRE.)

Meilleur signifie *plus bon*, qui ne se dit pas.

2°. Souvent la peur d'un mal nous conduit dans un
pire.   (BOILEAU.)

C'est-à-dire, dans un mal *plus mauvais*.

3°. Ma honte serait *moindre* ainsi que votre crime. (RAC.)

Moindre signifie *plus petit*.

Meilleur, *pire*, *moindre* sont les seuls adjectifs comparatifs de notre langue ; c'est donc à
tort que l'on admet des comparatifs de *supé-
riorité*, d'*infériorité* et d'*égalité* dans tous les
adjectifs, comme dans cette phrase : cet homme
est *plus* grand, *moins* grand, *aussi* grand que
moi, car ces idées de comparaison appartiennent
aux adverbes *plus*, *moins*, *aussi*, et non à l'adjectif *grand*.

42. — *Moindre* se dit de : choses qui s'éva-

luent, *plus petit* des choses qui se mesurent :
Cette maison est *plus petite* que la mienne, et
d'un *moindre* prix. *Moindre* signifie encore *plus
faible, moins gros.*

Il nous a donné d'*excellentissime* vin. (Acad.)
Puissantissime seigneur, et vous *bellissime* dame. (Flor.)

43. — Ces adjectifs en *issime* expriment la
qualité portée au suprême degré, et sont appelés
superlatifs; mais, à l'exception de quelques-uns,
comme dans son altesse *sérénissime,* ils ne s'emploient que familièrement, et le plus souvent
par dérision.

Nota. Les grammairiens admettent encore un superlatif
absolu marqué par *très, fort,* le *plus,* etc., *très* grand;
et un superlatif relatif marqué par le *plus,* la *plus,* etc.
Mais alors l'idée superlative n'appartient plus à l'adjectif,
elle appartient à l'adverbe qui le précède.

Rapports de l'adjectif au substantif.

Un *grand* homme commet quelquefois de *grandes*
fautes. (Voltaire.)

44. — L'adjectif adopte le genre et le nombre
du substantif auquel il se rapporte, et varie au
féminin et au pluriel.

Formation du féminin dans les adjectifs.

45. — Un homme *honnête* et *tranquille* aime
une femme *honnête* et *tranquille.* Tout adjectif
terminé au masculin par un e muet ne change
pas au féminin, l'e muet étant le signe carac-
téristique de ce genre. Cependant *traître, ivro-
gne* font *traîtresse, ivrognesse.* Les substantifs
maître, nègre, prêtre, prophète, hôte, etc., font
aussi *maîtresse, négresse,* etc.

46. — Les adjectifs terminés au masc. par une

voyelle sonore forment leur féminin par l'addition de l'*e* muet : *sensé, sensée; vrai, vraie; nu, nue;* mais *coi, favori* font *coite, favorite.*

47. — Parmi les adjectifs terminés au masculin par une consonne, les uns forment leur féminin régulièrement, en prenant l'*e* muet, d'autres doublent la consonne finale, d'autres changent de terminaison.

48. — Terminaisons où la consonne finale se double :

AS : *bas*, basse. *Ras* fait rase.

EL, EIL : *tel*, telle; *pareil*, pareille.

IEN : *ancien*, ancienne.

ON : *bon*, bonne. *Larron* fait larronnesse.

ET : *muet*, muette. Mais *complet, inquiet, concret, discret, replet, secret* font *complète, inquiète,* etc., en prenant l'accent grave, comme les adjectifs en *er; léger*, légère, etc.

49. — Adjectifs qui changent de terminaisons.

I. Les adjectifs en *c* changent *c* en *que, public, caduc, turc*, publique, caduque, turque; mais *grec* fait *grecque; blanc, franc, sec* font *blanche, franche, sèche* (*).

II. Les adjectifs comme les substantifs terminés par *eau* changent *eau* en *elle : beau, nouveau, tourtereau* font *belle, nouvelle, tourterelle*. On dit aussi *bel, nouvel*, au mascul. sing. devant une voyelle : *bel* homme, *nouvel* an.

III. Les adjectifs en *f* changent *f* en *ve* (la forte en faible), *bref, naïf, veuf; brève, naïve, veuve.*

(*) En style historique on dit les peuplades *franques*, les races *franques*, pour désigner les tribus qui envahirent les Gaules, sous Pharamond.

IV. Les adjectifs en *x* changent *x* en *se*
(pron. *ze*), *heureux, jaloux, heureuse, jalouse*;
mais *doux, roux, faux,* font *douce, rousse,
fausse*; *vieux* fait *vieille*; on dit aussi *vieil* au
masculin devant une voyelle: *vieil* ami ou *vieux*
ami. *Préfix,* où le *x* s'articule, fait *préfixe.*

V. Les deux adjectifs *mou* et *fou* font *molle,
folle;* on dit aussi *mol, fol* au masculin singulier
devant une voyelle, *fol espoir,* etc.

VI. Les adjectifs en *eur* ont plusieurs formes
au féminin. 1°. Ceux qui dérivent d'un participe présent, par le changement de *ant* en *eur,*
font *euse* au féminin, *chantant, chanteur, chan-
teuse;* il y a peu d'exceptions : *chanteur* fait
aussi *cantatrice.* (Voy. les Dict.)

2°. Ceux en *teur,* qui ne dérivent pas d'un
participe présent, font *trice* au féminin : *créateur,
créatrice.*

3°. Ceux en *eur,* qui expriment une idée de
comparaison, forment leur féminin régulièrement : *meilleur, majeur, intérieur, meilleure,
majeure,* etc.

4°. OBSERVATIONS et EXCEPTIONS DIVERSES. *Am-
bassadeur, empereur* font *ambassadrice, impé-
ratrice. Débiteur,* qui doit, fait *débitrice; débiteur,* qui débite, fait *débiteuse.* — *Enchanteur,
pêcheur, vengeur* font *enchanteresse, pécheresse,
vengeresse. Chasseur* fait *chasseuse,* et en poésie
chasseresse. — Les noms *bailleur, défendeur,
demandeur, vendeur* font, en termes de droit,
*bailleresse, défenderesse, demanderesse, vende-
resse ;* dans tout autre cas, on dit *demandeuse,
vendeuse.* — *Devin* fait *devineresse, devineur*
fait *devineuse.* — *Gouverneur, serviteur* font
gouvernante, servante.

50.— Les adjectifs, dans les autres terminaisons, forment leur féminin régulièrement ; voici les exceptions :

AIS : *épais,* épaisse ; *frais,* fraîche.

AN : *paysan,* paysanne.

IN : *malin, bénin,* maligne, bénigne.

IS : *métis, métisse.*

OS : *gros,* grosse. OT : *sot,* sotte. L'usage est partagé sur *huguenot, vieillot, bellot ;* préférons la règle générale, et ne doublons pas le *t.*

51. — TERMINAISONS DIVERSES. *Long, oblong* font *longue, oblongue ; — tiers, tierce ; — exprès, expresse ; — nul, nulle ; — muscat, muscate,* ou *muscade ; — absous, dissous, absoute, dissoute ; résous* fait quelquefois *résolue :* tumeur résolue.

52. — Il y a des adjectifs qui ne s'emploient pas au féminin, tels sont *fat, dispos, imposteur, retors, châtain, turquin* (bleu), *vélin* (papier). Il en est de même des mots *vieillard, hébreu* (*), *discord,* etc. On dit du vinaigre, de l'huile *rosat.*

D'autres adjectifs ne s'emploient qu'avec certains noms féminins : opération *césarienne,* voix *consultative,* eau *pluviale,* mer *océane,* femme *enceinte,* etc.

Formation du pluriel dans les adjectifs.

53. — Le pluriel dans les adjectifs se forme comme dans les noms, en ajoutant *s* au singu-

---

(*) Quelques grammairiens joignent à cette liste les adj. *partisan, aquilin ;* mais Voltaire a employé *partisane,* et le poète Barthélemy a employé *aquiline* (face *aquiline*), qui se trouve dans les Racines grecques de Lancelot (forme *aquiline*).

licr : l'homme *prudent*, les hommes *prudents*. On pourrait aussi mettre les hommes *prudens*, sans *t* ; mais dans les hommes *lents*, l'adjectif ne peut perdre le *t* au pluriel, parce que c'est un monosyllabe.

Les exceptions sont aussi les mêmes ; cependant *bleu* prend *s* et non *x*, les yeux *bleus*.

54. — Les adjectifs en *al* font leur pluriel, les uns en *aux*, et c'est le plus grand nombre : *moral*, *moraux*, *brutal*, *brutaux* (Buffon) ; *trivial*, *triviaux* (J.-J. Rousseau) ; *conjugal*, *conjugaux* (Regnard) ; *vocal*, *vocaux* (Volney) ; *musical*, *musicaux* (Volney, etc.). Les autres, par l'addition de l'*s* ; des instans *fatals* (St-Lambert) ; des combats *navals* (Gram. des Gram.) ; des débuts, des effets *théâtrals* (La Harpe, Gattel) ; des cierges *pascals* (Trévoux, etc.) ; des sons *finals*, *initials*, *labials*, *nasals*, etc. (Beauzée, etc.). Des codes *pénals*, des conseils *amicals*, des vents *glacials*, des repas *frugals*, etc.

L'usage est partagé sur *colossal*, *boréal*, *austral* ; nous préférons *colossals* et *boréaux*, *austraux*. Enfin il y a quelques adjectifs qui n'ont encore été employés qu'au féminin, comme *diagonal*, *patronal*, *virginal*, etc.

Jeux *floraux*, frais *préjudiciaux* ; ces adjectifs n'ont pas de singulier.

55. — Le mot *tout* employé comme substantif conserve le *t* final au pluriel : un *tout*, des *touts* ; employé comme adjectif, il perd ce *t* : *tous* les hommes.

Adjectifs déterminatifs.

56. — Les adjectifs déterminatifs sont ceux qui ajoutent aux substantifs des idées accessoires

qui en déterminent ou restreignent la signification à tel ou tel cas particulier. On en distingue
quatre sortes : les *démonstratifs*, les *possessifs*,
les *numéraux*, les *indéfinis*. Quelques grammairiens profonds y joignent l'*article*, et ce n'est
pas sans raison.

Adjectifs démonstratifs.

Vert-Vert. *Ce* cœur si pur, *cet* oiseau si fervent. (GRES.)
Où conduit-on *ces* enfans et *ces* femmes? (RACINE.)

57.— Ces adjectifs sont pour le masculin singulier *ce*, qui se met devant une consonne ; *cet*,
qui se met devant une voyelle ; pour le féminin
singulier *cette*, pour le pluriel des deux genres *ces*.

Les adjectifs démonstratifs modifient les substantifs en y ajoutant une idée d'indication.

Adjectifs possessifs.

Le travail est *mon Dieu*, lui seul régit le monde. (VOLT.)
Mes jours sont en *tes* mains, tranche-les : *ta* justice,
C'est *ton* utilité, *ton* plaisir, *ton* caprice. (LA FONTAINE.)
Votre fils, je l'espère, embellira *vos* jours.

58. — Les adjectifs possessifs sont :
Masc. sing. Mon, ton, son, notre, votre, leur;
Fém. sing. Ma, ta, sa, notre, votre, leur ;
Plur. des 2 genr. Mes, tes, ses, nos, vos, leurs.

On emploie, par euphonie, *mon, ton, son,*
au lieu de *ma, ta, sa,* devant une voyelle ou
un *h* muet.

Les adjectifs possessifs modifient les substantifs
en y ajoutant une idée de possession.

Adjectifs numéraux.

Deux sûretés valent mieux qu'*une*. (La Fontaine.)
Vingt fois sur le métier remettez votre ouvrage. (Boil.)
Le *premier* qui fut roi fut un soldat heureux. (Voltaire.)

59. — Il y a deux sortes d'adjectifs numéraux : 1° les *cardinaux*, qui marquent la quantité numérique des objets : *un*, *deux*, *trois*,
dix, *cent*, etc. ; 2° les *ordinaux*, qui marquent
l'*ordre* ou le rang des objets dans une série : *premier*, *second*, *troisième*, *dixième*, *centième*, etc.
On voit qu'ils se forment des adjectifs de
nombre *cardinaux*, à l'exception de *premier*,
second ; *unième* ne s'emploie que dans les composés, *vingt et unième*. Le *f* de *neuf* se change en *v*
dans *neuvième*. *Un* fait au fém. *une*.

Les adjectifs numéraux modifient les substantifs en y ajoutant une idée de nombre.

60. — Ces adjectifs servent à former des substantifs de même nature ; il y en a de trois sortes.

1°. Les collectifs : la *dizaine*, la *douzaine*, etc.

2°. Les fractionnaires : le *tiers*, le *quart*, etc. ;

3°. Les multiples : le *double*, le *triple*, etc.

Adjectifs indéfinis.

61. — *Certain* homme vint *l'autre* jour me
voir, et me donna *maint* avis. Connaissant à
peine un *tel* individu, je ne lui fis *aucune*
réponse ; aussi, *quelque* discours qu'il me tînt,
je n'y prêtais *nulle* attention, et je l'interrom-
pais à *chaque* instant. Après *plusieurs* minutes,
voyant qu'il continuait sur le *même* ton, et ne
sachant *quelle* idée il avait, je lui dis : Si **un**
conseil *quelconque* mérite d'être bien accueilli,

tout individu n'a pas cependant le droit d'en donner.

Daus ces phrases les mots en italique sont les adjectifs indéfinis de notre langue. Les adjectifs *indéfinis* modifient les substantifs en y ajoutant une idée de vague ou de généralité.

Chaque n'a pas de pluriel ; *plusieurs* n'a pas de singulier. (Voy. la *Syntaxe*.)

CHAPITRE IV.

DU PRONOM.

Que peuvent contre Dieu tous les rois de la terre ?
En vain *ils* s'uniraient pour *lui* faire la guerre. (L. Rac.)

62. — Les mots *ils* et *se* (s') se rapportent au substantif *rois*, le mot *lui* au nom *Dieu*, mais *que* ne se rapporte à aucun nom exprimé ; cependant tous ces mots sont des pronoms (pour noms).

Le *pronom* est un mot que l'on met à la place du nom, soit pour en rappeler l'idée, soit pour en éviter la répétition.

63. — Il y a cinq sortes de pronoms : 1° les personnels ; 2° les possessifs ; 3° les démonstratifs ; 4° les conjonctifs ; 5° les indéfinis.

Pronoms personnels.

64. — Il y a, dans l'acte de la parole, trois relations ou rôles : ces relations ont pris le nom de *personnes grammaticales*. Dans ce sens la première personne est celle qui parle, la deuxième celle à qui l'on parle, la troisième celle de qui l'on parle.

Les pronoms *personnels* sont donc ceux qui désignent spécialement les rôles ou personnes grammaticales.

6ɔ. — Pronoms de la première personne : *je, me, moi,* pour le singulier; *nous,* pour le pluriel. Deuxième personne : *tu, te, toi,* pour le singulier; *vous* pour le pluriel. Ces pronoms servent pour les deux genres.

Nous est le pluriel correspondant à *moi,* mais n'est pas le pluriel de ce pronom; le *moi* est unique. Cette observation est applicable à *toi, vous.*

Dans je *me* blesse, *me* signifie *moi;* dans il *me* parle, *me* est mis pour *à moi;* dans il *nous* plaît, *nous* est mis pour *à nous.* Même observation pour *te* et *vous.*

Pronoms de la troisième personne : masculin singulier, *il, lui;* féminin singulier, *elle;* des deux genres, *se, soi* et *lui* mis pour à *lui,* à *elle* : je *lui* parle. Masculin pluriel, *ils, eux;* féminin, *elles;* des deux genres, *se, leur,* mis pour *à eux, à elles* : je *leur* parle, ils ou elles *se* parlent, etc. Les pronoms *me, te, se, nous, vous, se* sont appelés *réfléchis* quand ils accompagnent un verbe dit réfléchi. (Voy. le chap. du Verbe.)

66. — Les articles *le, la, les,* employés avec ellipse du substantif, devant un verbe, deviennent pronoms personnels : je *le* connais, je *la* respecte, je *les* estime.

Les mots *en, y* sont aussi quelquefois pronoms personnels, comme dans ces phrases : j'*en* parle, j'*y* pense. *En* signifie *de lui, d'eux, d'elle, de cela, de là,* etc.; *y* signifie *à lui, à eux, à elle, à cela, en ce lieu,* etc.

Pronoms possessifs.

Ton Dieu, c'est l'Intérêt ; *le mien*, c'est l'Équité :
Entre ces ennemis il n'est point de traité. (VOLTAIRE.
Ne jetons pas la pierre aux autres ;
Car, s'ils ont leurs défauts, n'avons-nous pas *les nôtres ?*
(ARNAULT.)

67. — Les pronoms possessifs sont :
Masc. sing. Le mien, le tien, le sien, le nôtre, le vôtre, le leur.
Fém. sing. La mienne, la tienne, la sienne, la nôtre, la vôtre, la leur.

Le pluriel dans ces pronoms se forme régulièrement : les *miens*, les *miennes*, etc. ; primitivement ils étaient des adjectifs.

Les pronoms possessifs sont ceux qui marquent la possession des personnes ou des choses dont ils rappèlent l'idée.

68.—Les adjectifs et les pronoms possessifs correspondant aux pronoms personnels, *mon*, *ton*, *son*, *notre*, *votre*, *leur*, correspondent à *moi*, *toi*, *soi*, *nous*, etc.

69. — *O* est long dans le *nôtre*, le *vôtre*, pronoms, et bref dans *notre*, *votre*, adjectifs. *Leur*, adjectif ou pronom possessif, prend *s* au pluriel ; mais le pronom personnel *leur* est invariable, et accompagne toujours un verbe : je *leur* ai parlé.

Pronoms démonstratifs.

C'est un méchant métier que *celui* de médire. (BOILEAU.)
La meilleure leçon est *celle* des exemples. (LA HARPE.)

70. — Les pronoms démonstratifs sont :
Masc. sing. Ce, celui, cela ; *fém.*, celle.
Masc. pl. Ceux, *fém.* celles. Remarque : *celui*,

celle est la réunion de *ce lui*, de *ce elle*, etc. En ajoutant les particules *ci*, *là*, on a les nouvelles formes *celui-ci*, *celle-ci*, *ceux-ci*, *ceux-là*, etc.

Les pronoms démonstratifs sont ceux qui servent à montrer, à indiquer les personnes et les choses dont ils rappèlent l'idée.

71. — 1°. L'adjectif *ce* est toujours devant un nom, le pronom *ce* ne s'y trouve jamais.

2°. Le pronom personnel *se* est toujours devant un verbe dit réfléchi, le pronom *ce* ne s'y trouve jamais.

Pronoms conjonctifs.

La foi *qui* n'agit point, est-ce une foi sincère? (Racine.)
Que deviendront ces biens *où* votre espoir se fonde,
Et dont vous étalez l'orgueilleuse moisson? (J.-B. Rous.)

72. — Les pronoms conjonctifs sont *qui*, *que*, *quoi*, *dont*, *où* et *lequel*, *laquelle*, *lesquels*, etc. Les cinq premiers servent pour les deux genres et les deux nombres. Le mot auquel se rapporte un pronom conjonctif en est l'*antécédent*. *Lequel*, *laquelle* étaient primitivement des adjectifs.

Les pronoms conjonctifs sont ceux qui servent de jonction, de lien entre le mot, l'antécédent dont ils rappèlent l'idée, et d'autres mots qui le déterminent.

73. — *Qui*, *que*, *quoi*, *où* sont quelquefois employés sans antécédent exprimé, alors on les appèle *absolus*. (Voy. la *Syntaxe*.) Dans *il pleut*, *il faut*, etc., le pronom *il* est aussi *absolu*.

(Quelques grammairiens nomment ces pronoms *relatifs* et y joignent *le*, *la*, *en*, *y*, que nous avons compris parmi les personnels. Mais œtte dénomination est vicieuse, car la plupart des pronoms sont *relatifs*.

Pronoms indéfinis.

On a souvent besoin d'un plus petit que soi.
Chacun se dit ami, mais fou qui s'y repose. (La Font.)

74. — Les pronoms indéfinis sont ceux qui désignent d'une manière vague les personnes ou les choses dont ils rappèlent l'idée.

Ces pronoms sont *on*, *quiconque*, *chacun*, *chacune* (sans plur.), *quelqu'un* (qui, dans certains cas, a le fém. et le plur.), *l'un*, *l'autre* (variables); les locutions pronominales *qui que ce soit*, *quoi que ce soit*. Quelques grammairiens y joignent les adjectifs indéfinis *nul*, *tel*, employés seuls, et même les mots *autrui*, *personne* (pas un mortel). D'autres grammairiens nomment ces pronoms *substantifs indéfinis*. *On* ou *l'on* est une corruption du mot *homme*, *l'hom*.

CHAPITRE V.

DU VERBE.

75. — Si, ayant l'idée des couleurs, je vois un objet, une orange, par exemple, je reconnais qu'*elle est jaune*, j'ai jugé. Le jugement est intérieur; pour l'énoncer, je dis : *L'orange est jaune*, et ces mots forment une proposition. (Chose *posée*, mise *en avant*.)

La *proposition* est donc l'expression d'un jugement.

76. — Une proposition renferme trois termes

essentiels : 1° le *sujet*, qui est l'objet du jugement que l'on énonce ; 2° l'*attribut*, qui exprime la qualité que l'on attribue au sujet ; 3° le
verbe, qui énonce le rapport que l'esprit saisit
entre le sujet et l'attribut.

77. — Le verbe est donc le mot par excellence, puisque sans lui on ne peut énoncer aucun jugement. (*Verbe* signifie la *parole*.) Le sujet d'un verbe est indiqué par la question *qui
est-ce qui*, pour les personnes et *qu'est-ce qui*
pour les choses, placée avant ce verbe.

78. — Il n'y a réellement qu'un verbe, ÊTRE ;
il se nomme *verbe substantif*, parce qu'il marque l'existence (la subsistance) pure et simple ;
mais pour exprimer les actes, les modifications
passagères que l'on remarque dans les êtres animés ou inanimés, l'esprit humain a inventé un
mot qui renferme implicitement le verbe *être* et
l'attribut, et l'on a donné à ce mot le nom de
verbe *attributif*: ainsi *chanter*, *courir*, se dé-
composent par *être chantant*, *être courant* ; ainsi
je languis équivaut à je *suis languissant*, et ces
deux mots *je languis* forment une proposition
complète.

Le verbe attributif se subdivise en cinq espèces : 1° le verbe actif ; 2° le verbe passif ;
3° le verbe neutre (*) ; 4° le verbe réfléchi ;
5° le verbe unipersonnel.

Du Complément.

79. — Les mots, pris isolément, expriment
des idées générales ; pour en restreindre la signi-

___

(*) *Neutre* signifie qui *n'est ni l'un ni l'autre*, ni actif ni
passif. Sous le rapport du sens, il n'y a que ces trois espèces de verbes attributifs.

fication à tel ou tel cas particulier, on est obligé d'avoir recours à d'autres mots nommés *compléments*. Ainsi le mot *amour* signifie le vif sentiment qui nous attache à un objet, mais cet objet peut être *Dieu*, un *père*, la *gloire*, la *vertu* : de là les expressions *amour divin*, amour *de la vertu*, où ces mots *divin* et de la *vertu* sont les compléments du substantif *amour*.

80.—Les verbes admettent deux compléments, l'un direct, l'autre indirect.

1°. Le complément *direct* est celui qui restreint la signification générale du verbe sans le secours d'aucun mot intermédiaire : *aimer Dieu*. Il répond à la question *qui* ou *quoi* placée après le verbe.

2°. Le complément *indirect* est celui qui restreint la signification générale du verbe au moyen d'un mot intermédiaire appelé *préposition* ; nuire à *quelqu'un*, médire *de* quelqu'un. Le complément est aussi nommé *régime*.

Du verbe actif ou objectif.

Il faut *mêler sa cendre aux* cendres de ses pères.

L'homme *en* sa propre force *a mis sa confiance*. (J.-B. R.)

81. — Le verbe actif est celui qui exprime l'acte qu'un sujet opère sur un objet qui est le complément direct de ce verbe (*). Dans les vers cités les verbes ont les deux espèces de compléments. Le complément, comme le sujet, est un nom, un pronom ou un *infinitif*.

(*) La dénomination d'*actif* est défectueuse, car presque tous les verbes expriment des actes. Celle de *transitif* ne serait pas plus logique. Nous hasardons la dénomination d'*objectif*.

Du verbe passif.

Le fer *est émoussé*, les bûchers *sont éteints*. (Volt.)

82. — Le verbe *passif* est celui dont le sujet souffre, reçoit l'action exprimée par ce verbe. Le verbe passif est le contraire du verbe *actif*. En considérant ces phrases : la flatterie *gâte le cœur*, le cœur *est gâté* par la flatterie, on voit que le régime de la première devient le sujet de la seconde.

83. — Tout verbe actif a son passif correspondant, à quelques exceptions près (*avoir*). A la rigueur nous n'avons point de verbe *passif*, nous n'avons que des *locutions passives*.

Du verbe neutre.

Rien ne sert de *courir*, il faut *partir* à point. (La Font.)
Le vers le mieux rempli, la plus noble pensée,
Ne peut *plaire à l'esprit* quand l'oreille est blessée.(Boil.)

84. — Le verbe *neutre* est celui qui, comme le verbe actif, exprime l'acte d'un sujet, mais qui n'a pas de complément direct. Il est intransitif ou transitif.

85. — 1°. Le verbe *neutre intransitif* exprime une action qui se borne au sujet, comme *partir, courir, languir*, etc.; 2° le verbe *neutre transitif* exprime une action qui retombe indirectement sur un objet : *plaire à quelqu'un, médire de quelque chose*.

86. — Le verbe neutre n'a point d'expression passive correspondante ; on excepte cependant *obéir* et *convenir :* il *est obéi*, cette chose *est convenue*.

87. — Un verbe actif peut s'employer neutra-
lement : cet amateur qui *chante* une romance
chante bien. De même un verbe neutre peut
s'employer activement : *courir* les bals. (RAC.)

Du verbe réfléchi.

On fait beaucoup de bruit, et puis *on se console :*
Sur les ailes du Temps la Tristesse *s'envole.* (LA FONT.)
Tous les peuples *se sont fait* des dieux corporels. (VOLT.)

88. — Le verbe réfléchi est celui qui exprime
soit l'action qu'un sujet fait sur lui-même, soit
une action dont il est le but. Le verbe réfléchi
est direct ou indirect, selon que le pronom personnel réfléchi est complément direct, comme
dans le premier exemple, ou complément indirect, comme dans le second.

89. — Le verbe réfléchi s'emploie au figuré
avec un nom de chose inanimée : le temps *se
couvre,* etc. Il devient verbe *réciproque* lorsqu'il exprime l'action réciproque de plusieurs
sujets : ces enfans *s'aiment* et *se plaisent.*

90. — Le verbe *essentiellement* réfléchi est
celui qui ne peut s'employer sans les pronoms
réfléchis : *se repentir, s'évanouir,* etc. Le verbe
accidentellement réfléchi est celui qui de sa nature est actif ou neutre : *s'aimer, se nuire,* etc.

91. — Quelques verbes réfléchis n'ont que la
forme de cette espèce de verbe, sans en avoir
le sens, tels sont *se mourir, s'en aller* (*).

(*) La dénomination de verbe *pronominal* est vicieuse,
elle ne se rattache point au sens, etc., etc.

Du verbe unipersonnel.

Il faut, autant qu'on peut, obliger tout le monde. (LA F.)

92. — On ne dit pas *je faux*, *nous fallons*. Le verbe unipersonnel est celui qui a pour sujet le pronom absolu *il*, et qui ne s'emploie qu'à la troisième personne du singulier.

93.—Le verbe unipersonnel l'est essentiellement, comme *il faut*, *il pleut* (*), ou accidentellement, comme *il convient*, *il y a*, etc.

Certains verbes sont à la fois unipersonnels et réfléchis : *il ne s'agit pas de cela*, *il s'est écoulé* bien des années.

Modifications du verbe.

94. — Le verbe admet quatre sortes de modifications ou changemens de forme, pour quatre causes : la *personne*, le *nombre*, le *mode* et le *temps*.

1°. La *personne* est la propriété qu'a le verbe de marquer par sa forme son rapport à un sujet de la première, de la seconde ou de la troisième personne : *je chante*, *tu chantes*.

2°. Le *nombre* est la propriété qu'a le verbe de marquer par sa forme son rapport à un sujet singulier ou pluriel : JE *chante*, NOUS *chantons*.

3°. Le *mode* est la propriété qu'a le verbe de marquer par sa forme la manière de signifier

---

(*) La Fontaine a fait neutres les verbes *venter* et *pleuvoir* (*fable de Jupiter et le Métayer*). Bossuet a dit : Dieu fait luire son soleil sur les bons et sur les méchants, et *pleut* sur le champ du juste comme sur celui du pécheur. (*Élév. sur les Myst.*)

dans laquelle on l'emploie (*mode* signifie *ma-nière*).

4°. Le temps est la propriété qu'a le verbe de marquer par sa forme l'époque à laquelle il correspond.

Des modes.

95. — Il y a six modes : l'indicatif, le conditionnel, l'impératif, le subjonctif, l'infinitif ou l'indéfini, le participe.

1°. L'*indicatif* présente la signification du verbe d'une manière positive, absolue, quel que soit le temps :

Dieu dit : Je suis celui *qui fut*, *est* et *sera*.

2°. Le *conditionnel* présente la signification du verbe sous l'idée d'une condition ou d'une supposition :

L'ingratitude *serait* plus rare, si les bienfaits à usure étaient moins communs. (J.-J. ROUSSEAU.)

3°. L'*impératif* présente la signification du verbe sous l'idée du commandement, de la prière, de l'exhortation :

Vingt fois sur le métier *remettez* votre ouvrage. (BOIL.)

4°. Le *subjonctif* présente la signification du verbe d'une manière subordonnée à une idée de doute, d'indécision :

Il est juste, grand roi, qu'un meurtrier *périsse*. (COR.)

5°. L'*infinitif* présente la signification du verbe d'une manière vague et générale (c'est un vrai substantif) :

On peut *être* héros sans *ravager* la terre. (BOILEAU.)

6°. Le *participe* présente la signification du verbe d'une manière qualificative :

Les uns *glacés* d'effroi vont *fuyant* devant lui. (DELILLE.)

Le nom de participe donné à ce mode vient de ce qu'il tient, de ce qu'il participe de la nature du verbe et de celle de l'adjectif.

96. — Les quatre premiers modes se nomment modes *personnels*, parce qu'ils admettent la distinction des personnes ; les deux derniers modes, n'admettant pas cette distinction, se nomment *modes impersonnels*.

Des temps.

97. — Tous les jugements que nous portons se rapportent ou à l'instant de la parole, ou à un instant qui précède, ou à un instant à venir ; de là trois temps principaux : le *présent*, le *passé*, le *futur*.

98. — Le présent, rapide comme l'éclair, est indivisible :

Le moment où je parle est déjà loin de moi. (BOILEAU.)

Mais le passé peut-être plus ou moins éloigné, le futur plus ou moins prochain ; de là plusieurs sortes de passés et de futurs.

99. — Sous le rapport de l'expression, les temps des verbes sont simples ou composés. Les temps simples sont ceux qui s'expriment en un seul mot : je *chante*, tu *finiras*. Les temps composés sont ceux qui empruntent le secours du verbe *avoir* ou du verbe *être* : *j'ai chanté, je suis venu.* Ces deux verbes se nomment *auxiliaires*, parce qu'ils servent à conjuguer les autres verbes.

100. — Parmi les temps simples, il y en a que

l'on nomme *primitifs* ou *radicaux*, parce qu'ils sont comme la racine des autres. Les temps qui se forment des primitifs s'appèlent temps dérivés.

101. — Conjuguer un verbe, c'est le faire passer par tous ses accidents de nombres, de personnes, de modes et de temps.

102. — On compte généralement quatre classes de verbes, que l'on nomme *conjugaisons* (verbes sous le même joug). On les distingue par la terminaison du présent de l'infinitif. La première a le présent de l'infinitif terminé en *er*, *chanter*; la deuxième en *ir*, *finir*; la troisième en *oir*, *recevoir*; la quatrième en *re*, *rendre*.

---

103. — CONJUGAISON DE L'AUXILIAIRE

AVOIR,

avec l'ancienne nomenclature des temps.

INDICATIF

PRÉSENT.

J'ai.
Tu as.
Il *ou* elle a.
Nous avons.
Vous avez.
Ils *ou* elles ont.

IMPARFAIT.

J'avais.
Tu avais.
Il *ou* elle avait.
Nous avions.
Vous aviez.
Ils *ou* elles avaient.

PASSÉ DÉFINI.

J'eus.
Tu eus.
Il *ou* elle eut.
Nous eûmes.
Vous eûtes.
Ils *ou* elles eurent.

PASSÉ INDÉFINI.

J'ai eu.
Tu as eu.
Il *ou* elle a eu.
Nous avons eu.
Vous avez eu.
Ils *ou* elles ont eu.

2.

PRÉTÉRIT ANTÉRIEUR.

J'eus eu.
Tu eus eu.
Il *ou* elle eut eu.
Nous eûmes eu.
Vous eûtes eu.
Ils *ou* elles eurent eu.

PLUS-QUE-PARFAIT.

J'avais eu.
Tu avais eu.
Il *ou* elle avait eu.
Nous avions eu.
Vous aviez eu.
Ils *ou* elles avaient eu.

FUTUR.

J'aurai.
Tu auras.
Il *ou* elle aura.
Nous aurons.
Vous aurez.
Ils *ou* elles auront.

FUTUR ANTÉRIEUR.

J'aurai eu.
Tu auras eu.
Il *ou* elle aura eu.
Nous aurons eu.
Vous aurez eu.
Ils *ou* elles auront eu.

CONDITIONNEL

PRÉSENT.

J'aurais.
Tu aurais.
Il *ou* elle aurait.
Nous aurions.
Vous auriez.
Ils *ou* elles auraient.

PASSÉ.

J'aurais *ou* j'eusse eu.
Tu aurais *ou* tu eusses eu.
Il aurait *ou* il eût eu.
Nous aurions *ou* nous eus-
sions eu.
Vous auriez *ou* vous eussiez
eu.
Ils auraient *ou* ils eussent eu.

IMPÉRATIF.

Aie.
Ayons.
Ayez.

SUBJONCTIF

PRÉSENT OU FUTUR.

Que j'aie.
Que tu aies.
Qu'il *ou* qu'elle ait.
Que nous ayons.
Que vous ayez.
Qu'ils *ou* qu'elles aient.

IMPARFAIT.

Que j'eusse.
Que tu eusses.
Qu'il *ou* qu'elle eût.
Que nous eussions.
Que vous eussiez.
Qu'ils *ou* qu'elles eussent.

PRÉTÉRIT.

Que j'aie eu.
Que tu aies eu.
Qu'il *ou* qu'elle ait eu.
Que nous ayons eu.
Que vous ayez eu.
Qu'ils *ou* qu'elles aient eu.

PLUS-QUE-PARFAIT.	PASSÉ.
Que j'eusse eu.	Avoir eu.
Que tu eusses eu.	
Qu'il *ou* qu'elle eût eu.	**PARTICIPE**
Que nous eussions eu.	
Que vous eussiez eu.	PRÉSENT.
Qu'ils *ou* qu'elles eussent eu.	Ayant.

INFINITIF.

PRÉSENT.

PASSÉ.

Avoir.

Eu, ayant eu.

104. — Ce verbe sert d'auxiliaire 1° à lui-même, 2° à tous les verbes actifs, 3° à la plupart des verbes neutres, 4° aux verbes unipersonnels en général. Il est verbe actif quand il a un complément direct : il *a* un livre.

---

105. — **AUXILIAIRE** *ÊTRE,*

ancienne nomenclature.

INDICATIF

PRÉSENT.

PRÉTÉRIT DÉFINI.

Je suis.	Je fus.
Tu es.	Tu fus.
Il *ou* elle est.	Il *ou* elle fut.
Nous sommes.	Nous fûmes.
Vous êtes.	Vous fûtes.
Ils *ou* elles sont.	Ils *ou* elles furent.

IMPARFAIT.

PRÉTÉRIT INDÉFINI.

J'étais.	J'ai été.
Tu étais.	Tu as été.
Il *ou* elle était.	Il *ou* elle a été.
Nous étions.	Nous avons été.
Vous étiez.	Vous avez été.
Ils *ou* elles étaient.	Ils *ou* elles ont été.

PRÉTÉRIT ANTÉRIEUR.

J'eus été.
Tu eus été.
Il *ou* elle eut été.
Nous eûmes été.
Vous eûtes été.
Ils *ou* elles eurent été.

PLUS-QUE-PARFAIT.

J'avais été.
Tu avais été.
Il *ou* elle avait été.
Nous avions été.
Vous aviez été.
Ils *ou* elles avaient été.

FUTUR.

Je serai.
Tu seras.
Il *ou* elle sera.
Nous serons.
Vous serez.
Ils *ou* elles seront.

FUTUR ANTÉRIEUR.

J'aurai été.
Tu auras été.
Il *ou* elle aura été.
Nous aurons été.
Vous aurez été.
Ils *ou* elles auront été.

CONDITIONNEL

PRÉSENT.

Je serais.
Tu serais.
Il *ou* elle serait.
Nous serions.
Vous seriez.
Ils *ou* elles seraient.

PASSÉ.

J'aurais *ou* j'eusse été.
Tu aurais *ou* tu eusses été.
Il aurait *ou* il eût été.
Nous aurions *ou* nous eussions été.
Vous auriez *ou* vous eussiez été.
Ils auraient *ou* ils eussent été.

IMPÉRATIF.

Sois.
Soyons.
Soyez.

SUBJONCTIF

PRÉSENT.

Que je sois.
Que tu sois.
Qu'il *ou* qu'elle soit.
Que nous soyons.
Que vous soyez.
Qu'ils *ou* qu'elles soient.

IMPARFAIT.

Que je fusse.
Que tu fusses.
Qu'il *ou* qu'elle fût.
Que nous fussions.
Que vous fussiez.
Qu'ils *ou* qu'elles fussent.

PRÉTÉRIT.

Que j'aie été.
Que tu aies été.
Qu'il *ou* qu'elle ait été.
Que nous ayons été.
Que vous ayez été.
Qu'ils *ou* qu'elles aient été.

PLUS-QUE-PARFAIT.	PASSÉ.
Que j'eusse été.	Avoir été.
Que tu eusses été.	
Qu'il *ou* qu'elle eût été.	**PARTICIPE**
Que nous eussions été.	
Que vous eussiez été.	PRÉSENT.
Qu'ils *ou* qu'elles eussent été.	Étant.

INFINITIF

PRÉSENT.

PASSÉ.

Être.

Été, ayant été.

106. — Le verbe être sert d'auxiliaire 1° à tous les verbes passifs, 2° à tous les verbes réfléchis, 3° à quelques verbes neutres, 4° à quelques verbes unipersonnels. Il est verbe substantif quand il est seul : je *suis* malade. Le participe *été* est invariable.

---

107. MODÈLE DE LA Iʳᵉ CONJUGAISON.

(Nouvelle nomenclature.)

INDICATIF (1ᵉʳ mode)	PASSÉ SIMULTANÉ.
PRÉSENT.	
Je chante.	Je chantais.
Tu chantes.	Tu chantais.
Il *ou* elle chante.	Il *ou* elle chantait.
Nous chantons.	Nous chantions.
Vous chantez.	Vous chantiez.
Ils *ou* elles chantent.	Ils *ou* elles chantaient.

Ce temps indique l'existence ou l'action comme ayant lieu au moment de la parole; il indique aussi une existence ou une action habituelle. (*V. la* 2ᵉ *Conj.*)

Ce temps indique l'existence ou l'action comme ayant lieu en même temps (*simultanément*) qu'une autre dans une époque passée.

PASSÉ DÉFINI.

Je chantai.
Tu chantas.
Il *ou* elle chanta.
Nous chantâmes.
Vous chantâtes.
Ils *ou* elles chantèrent.

Ce temps indique l'action comme ayant eu lieu dans une époque passée, mais déterminée, totalement écoulée.

PASSÉ INDÉFINI.

J'ai chanté.
Tu as chanté.
Il *ou* elle a chanté.
Nous avons chanté.
Vous avez chanté.
Ils *ou* elles ont chanté.

Ce temps indique l'action comme passée, que l'époque soit déterminée ou non, totalement écoulée ou non.

PASSÉ ANTÉRIEUR IMMÉDIAT.

J'eus chanté.
Tu eus chanté.
Il *ou* elle eut chanté.
Nous eûmes chanté.
Vous eûtes chanté.
Ils *ou* elles eurent chanté.

Ce temps indique l'action comme ayant eu lieu *immédiatement* avant une autre dans une époque passée.

Il y a un second *passé antérieur immédiat* moins usité, mais bon : quand *j'ai eu chanté*, etc.

PASSÉ ANTÉRIEUR MÉDIAT.

J'avais chanté.
Tu avais chanté.
Il *ou* elle avait chanté.
Nous avions chanté.
Vous aviez chanté.
Ils *ou* elles avaient chanté.

Ce temps indique l'action comme ayant eu lieu avant une autre, dans une époque passée, mais à un intervalle plus ou moins grand.

FUTUR ABSOLU.

Je chanterai.
Tu chanteras.
Il *ou* elle chantera.
Nous chanterons.
Vous chanterez.
Ils *ou* elles chanteront.

Ce temps indique l'existence ou l'action comme devant avoir lieu dans une époque à venir.

FUTUR ANTÉRIEUR.

J'aurai chanté.
Tu auras chanté.
Il *ou* elle aura chanté.
Nous aurons chanté.
Vous aurez chanté.
Ils *ou* elles auront chanté.

Ce temps indique l'action comme devant en précéder une autre dans un temps à venir.

CONDITIONNEL ET SUP-POSITIF (2ᵉ mode)

PRÉSENT OU FUTUR.

Je chanterais.
Tu chanterais.
Il ou elle chanterait.
Nous chanterions.
Vous chanteriez.
Ils ou elles chanteraient.

PASSÉ.

J'aurais ou j'eusse chanté, etc.
Nous aurions ou nous eussions chanté, etc.

PASSÉ ANTÉRIEUR.

J'aurais ou j'eusse eu chanté, etc.
Nous aurions ou nous eussions eu chanté, etc.

Ce temps est peu usité. Nous ne mettrons plus que les premières personnes des temps composés.

IMPÉRATIF (3ᵉ mode)

FUTUR.

Chante.
Chantons.
Chantez.

L'impératif n'a point de présent, puisque l'action sera postérieure à l'ordre ou à la prière. Il n'a point de 1ʳᵉ pers. sing., parce qu'il est inutile de se commander verbalement à soi-même.

Il n'a point de 3ᵉ personne, parce qu'on ne peut pas adresser verbalement un ordre à quelqu'un à qui l'on ne parle pas.

FUTUR ANTÉRIEUR.

Aie chanté.
Ayons chanté.
Ayez chanté.

Ce temps n'est pas usité dans tous les verbes.

SUBJONCTIF (4ᵉ mode)

PRÉSENT OU FUTUR.

Que je chante.
Que tu chantes.
Qu'il ou qu'elle chante.
Que nous chantions.
Que vous chantiez.
Qu'ils ou qu'elles chantent.

Le subjonctif, étant sous la dépendance d'un autre verbe, est ordinairement précédé de que (conjonction).

INCERTAIN dit IMPARFAIT.

Que je chantasse.
Que tu chantasses.
Qu'il ou qu'elle chantât.
Que nous chantassions.
Que vous chantassiez.
Qu'ils ou qu'elles chantassent.

Ce temps, pouvant correspondre à toutes les époques, est donc bien nommé incertain.

PASSÉ.

Que j'aie chanté, etc.

Que nous ayons chanté, etc.

Ce temps peut désigner un futur antérieur : il faut que vous *ayez chanté* quand je reviendrai.

PASSÉ ANTÉRIEUR.

Que j'eusse chanté, etc.

Que nous eussions chanté, etc.

Il existe d'autres passés dans ce mode : que *j'aie eu chanté*, que *j'eusse eu chanté*.

INDÉFINI (5e mode)

PRÉSENT RELATIF.

Chanter.

PASSÉ.

Avoir chanté.

PARTICIPE (6e mode)

PRÉSENT RELATIF.

Chantant.

Dans les modes impersonnels, le présent est toujours relatif au temps de la phrase où il se trouve.

PASSÉ ACTIF.

Ayant chanté.

PASSIF.

Chanté, chantée, etc.

Une femme *ayant chanté* et une femme *chantée* sont deux expressions si différentes, que nous ne concevons pas comment on a pu les confondre.

Le nom de *passé* donné au passif est impropre : *aimé* convient aussi bien au présent et au futur qu'au passé.

Observations sur la 1re conjugaison.

108. — Dans les verbes terminés par *ger*, comme *manger, songer*, on met un *e* muet euphonique après le *g*, devant *a, o* : nous *mangeons*, je *jugeais*.

109. — Dans les verbes en *cer*, comme *effacer, percer*, le *c* prend une cédille devant *a, o* pour conserver la prononciation du *s* : j'*effaçais*, nous *perçons*.

110. — Dans les verbes qui ont un *e* muet avant la syllabe finale, comme *peser, achever, mener, dépecer*, cet *e* devient ouvert, et prend l'accent grave devant une syllabe muette (ter-

minée par l'*e* muet) : je *pèse*, j'*achèverai*, je *mè- nerais*.

Les verbes qui ont un *e* muet avant les syllabes finales *ler* ou *ter*, comme *appeler*, *jeter*, de- vraient suivre cette règle, d'autant mieux que l'Académie orthographie ainsi la plupart de ces verbes : je *gèle*, j'*achète*. Cette orthographe, adoptée par la Société grammaticale de Paris, est déjà très répandue ; mais l'usage permet aussi de doubler *l* et *t* devant l'*e* muet : j'*appelle*, je *gellerai*, je *jette*, je *cachetterais*.

111. — Dans les verbes qui ont un *é* fermé accentué avant la syllabe finale, comme *régner*, *pénétrer*, *répéter*, *révérer*, cet *é* devient ouvert et prend l'accent grave devant une syl- labe muette : je *règne*, je *pénètre*, je *répèterai*, je *révèlerais*. La plupart des grammairiens, cepen- dant, conservent l'accent aigu dans les verbes en *éger*; ils écrivent donc : je *protége*, etc.

112. — Dans les verbes *tuer*, *vouer*, etc., on met un tréma sur l'*i* des deux premières per- sonnes plur. du passé simultané : nous *tuïons*, vous *avouïez*, comme la prononciation l'exige. Le verbe *arguer* doit se conjuguer ainsi : j'*ar- guë*, nous *arguïons*, *arguë*, j'*arguërai*, que nous *arguïons*.

113. — Dans les verbes en *yer*, comme *ef- frayer*, *employer*, *appuyer*, l'*y* grec se change en *i* simple devant un *e* muet (c'est même une règle générale) : j'*effraie*, j'*emploierai*, que j'*essuie*. L'*y* grec se conserve partout dans les verbes en *eyer* : comme *grasseyer*, *plancheyer*. On trouve *planchéier* (mauvais).

114. — Les verbes *créer*, *suppléer*, etc., mé- ritent aussi de l'attention : je *crée*, je *créerai*.

115. MODÈLE DE LA IIᵉ CONJUGAISON.

INDICATIF

PRÉSENT.

Maintenant, ordinairement

Je finis.
Tu finis.
Il finit.
Nous finissons.
Vous finissez.
Ils finissent.

PASSÉ SIMULTANÉ.

Quand vous entrâtes

Je finissais.
Tu finissais.
Il finissait.
Nous finissions.
Vous finissiez.
Ils finissaient.

PASSÉ DÉFINI.

Hier, ce matin

Je finis.
Tu finis.
Il finit.
Nous finîmes.
Vous finîtes.
Ils finirent.

PASSÉ INDÉFINI.

Hier, aujourd'hui

J'ai fini.
Tu as fini.
Il a fini.

Nous avons fini.
Vous avez fini.
Ils ont fini.

PASSÉ ANTÉRIEUR IMMÉDIAT.

Je partis quand

J'eus fini, etc.
Nous eûmes fini, etc.

PASSÉ ANTÉRIEUR MÉDIAT.

Quand vous entrâtes

J'avais fini, etc.
Nous avions fini, etc.

FUTUR ABSOLU.

Demain, bientôt

Je finirai.
Tu finiras.
Il finira.
Nous finirons.
Vous finirez.
Ils finiront.

FUTUR ANTÉRIEUR.

Je partirai quand

J'aurai fini, etc.
Nous aurons fini, etc.

CONDITIONNEL.

PRÉSENT OU FUTUR.

Si je pouvais,

Je finirais.
Tu finirais.
Il finirait.

Nous finirions.
Vous finiriez.
Ils finiraient.

PASSÉ.

Si j'avais pu,
J'aurais *ou* j'eusse fini, etc.
Nous aurions *ou* nous eussions fini, etc.

IMPÉRATIF
FUTUR.

Demain, sur-le-champ
Finis.
Finissons.
Finissez.

FUTUR ANTÉRIEUR.

Quand je reviendrai
Aie fini.
Ayons fini.
Ayez fini.

SUBJONCTIF
PRÉSENT OU FUTUR.

On désire, on désirera
Que je finisse.
Que tu finisses.
Qu'il finisse.
Que nous finissions.
Que vous finissiez.
Qu'ils finissent.

Dans ce temps la finale *isse*
est brève.

INCERTAIN dit IMPARFAIT.

On désirait, on désirerait
Que je finisse.
Que tu finisses.
Qu'il finît.
Que nous finissions.
Que vous finissiez.
Qu'ils finissent.

Dans ce temps la finale *isse*
est longue.

PASSÉ.

Hier, il faut
Que j'aie fini, etc.
Que nous ayons fini, etc.

PASSÉ ANTÉRIEUR.

Il fallait, on aurait désiré
Que j'eusse fini, etc.
Que nous eussions fini, etc.

INFINITIF ou INDÉFINI
PRÉSENT RELATIF.
Finir.
PASSÉ.
Avoir fini.

PARTICIPE
PRÉSENT RELATIF.

Finissant.
PASSÉ ACTIF.
Ayant fini.
PASSIF.
Fini (variable).

Ainsi se conjuguent les verbes qui ont le présent de l'infinitif en *ir* : *avertir, remplir, fuir,* etc.

116. MODÈLE DE LA IIIe CONJUGAISON.

On a coutume de donner pour modèle de cette conjugaison un des verbes en CEVOIR (*recevoir, apercevoir*); mais ces verbes, rebelles à la formation des temps, forment une famille, et non une conjugaison. Il faut le reconnaître, les verbes en *oir*, au nombre d'une trentaine, sont tous irréguliers, et celui que nous présentons n'a point d'analogue. On peut douter qu'il y ait une troisième conjugaison.

INDICATIF

PRÉSENT.

Je prévois.
Tu prévois.
Il prévoit.
Nous prévoyons.
Vous prévoyez.
Ils prévoient.

PASSÉ SIMULTANÉ.

Je prévoyais.
Tu prévoyais.
Il prévoyait.
Nous prévoyions.
Vous prévoyiez.
Ils prévoyaient.

PASSÉ DÉFINI.

Je prévis.
Tu prévis.
Il prévit.
Nous prévîmes.
Vous prévîtes.
Ils prévirent.

PASSÉ INDÉFINI.

J'ai prévu.
Tu as prévu.
Il a prévu.
Nous avons prévu.
Vous avez prévu.
Ils ont prévu.

PASSÉ ANTÉRIEUR IMMÉDIAT.

J'eus prévu, etc.

PASSÉ ANTÉRIEUR MÉDIAT.

J'avais prévu, etc.

FUTUR ABSOLU.

Je prévoirai.
Tu prévoiras.
Il prévoira.
Nous prévoirons.
Vous prévoirez.
Ils prévoiront.

FUTUR ANTÉRIEUR.

J'aurai prévu, etc.

CONDITIONNEL

PRÉSENT OU FUTUR.

Je prévoirais.
Tu prévoirais.
Il prévoirait.
Nous prévoirions.
Vous prévoiriez.
Ils prévoiraient.

PASSÉ.

J'aurais *ou* j'eusse prévu.

IMPÉRATIF

FUTUR.

Prévois.
Prévoyons.
Prévoyez.

FUTUR ANTÉRIEUR.

Aie prévu, etc.

SUBJONCTIF

PRÉSENT OU FUTUR.

Que je prévoie.
Que tu prévoies.
Qu'il prévoie.
Que nous prévoyions.
Que vous prévoyiez.
Qu'ils prévoient.

INCERTAIN.

Que je prévisse.
Que tu prévisses.
Qu'il prévît.
Que nous prévissions.
Que vous prévissiez.
Qu'ils prévissent.

PASSÉ.

Que j'aie prévu, etc.

PASSÉ ANTÉRIEUR.

Que j'eusse prévu, etc.

INDÉFINI

PRÉSENT.

Prévoir.

PASSÉ.

Avoir prévu.

PARTICIPE

PRÉSENT.

Prévoyant.

PASSÉ ACTIF.

Ayant prévu.

PASSIF.

Prévu (variable).

117. MODÈLE DE LA IVᶜ CONJUGAISON.

INDICATIF

PRÉSENT.

Je réponds.
Tu réponds.
Il répond.
Nous répondons.
Vous répondez.
Ils répondent.

PASSÉ SIMULTANÉ.

Je répondais.
Tu répondais.
Il répondait.
Nous répondions.
Vous répondiez.
Ils répondaient.

PASSÉ DÉFINI.

Je répondis.
Tu répondis.
Il répondit.
Nous répondîmes.
Vous répondîtes.
Ils répondirent.

PASSÉ INDÉFINI.

J'ai répondu, etc.
Nous avons répondu, etc.

PASSÉ ANTÉRIEUR IMMÉDIAT.

J'eus répondu, etc.

PASSÉ ANTÉRIEUR MÉDIAT.

J'avais répondu, etc.

FUTUR ABSOLU.

Je répondrai.
Tu répondras.
Il répondra.
Nous répondrons.
Vous répondrez.
Ils répondront.

FUTUR ANTÉRIEUR.

J'aurai répondu, etc.

CONDITIONNEL

PRÉSENT OU FUTUR.

Je répondrais.
Tu répondrais.
Il répondrait.
Nous répondrions.
Vous répondriez.
Ils répondraient.

PASSÉ.

J'aurais répondu *ou* j'eusse
répondu, etc.

IMPÉRATIF

FUTUR.

Réponds.
Répondons.
Répondez.

FUTUR ANTÉRIEUR.

Aie répondu, etc.

SUBJONCTIF

PRÉSENT OU FUTUR.

Que je réponde.
Que tu répondes.
Qu'il réponde.
Que nous répondions.
Que vous répondiez.
Qu'ils répondent.

INCERTAIN.

Que je répondisse.
Que tu répondisses.
Qu'il répondît.
Que nous répondissions.
Que vous répondissiez.
Qu'ils répondissent.

INDÉFINI

PRÉSENT.

Répondre.

PASSÉ.

Avoir répondu.

PARTICIPE

PRÉSENT.

Répondant.

PASSÉ ACTIF.

Ayant répondu.

PASSIF.

Répondu (variable).

118. — Parmi les verbes terminés en *dre* au présent de l'infinitif, tous les verbes en *indre* perdent le *d* au présent de l'indicatif : je *crains*, tu *peins*, il *joint*; *résoudre* et *absoudre* le perdent également.

119. — Les verbes *paraître*, *croître*, et leurs analogues, conservent l'accent sur l'*i* partout où cet *i* est suivi d'un *t* : il *paraît*, je *croîtrai*. On écrit aussi il *plaît* avec l'accent.

Formation des temps.

120. — Il y a cinq temps primitifs : le *présent* de l'infinitif, le participe *présent*, le participe *passif*, le *présent* de l'indicatif, le *passé défini*.

121. — Du présent de l'infinitif on forme deux temps :

1°. Le *futur absolu*, en ajoutant *ai* après le *r* final : chanter, je chanter*ai*; finir, je finir*ai*; prévoir, je prévoir*ai*; répondre, je répond*rai*.

2°. Le présent du conditionnel par le futur auquel on ajoute *s* : je chanterais, je finirais, etc. Dans les verbes *avouer*, *remuer*, etc., les poètes écrivent quelquefois je *remûrai*, j'a-*voûrai*, etc. (mauvais).

122. — Du participe présent on forme trois temps :

1°. Les trois personnes plur. du présent de l'indicatif, en changeant *ant* en *ons* pour la 1re, en *ez* pour la 2°, en *ent* pour la 3° : *chantant*, nous chant*ons*, vous chant*ez*, ils chant*ent*; *finissant*, nous finiss*ons*, etc. Le présent de l'indicatif n'est un temps primitif que par son singulier.

2°. Le passé simultané, en changeant *ant* en

ais : chant*ant*, je chant*ais*, prévoy*ant*, je prévoy*ais*, répond*ant*, je répond*ais*.

3°. Le présent du subjonctif, en changeant
ant en *e* muet : chant*ant*, que je chant*e*; finis-
sant, que je finiss*e*, etc.

123. — RÈGLE GÉNÉRALE. L'*y* grec, comme
nous l'avons dit, se change en *i* simple devant
l'*e* muet : ainsi prévoy*ant* fait que je *prévoie*, ef-
fray*ant*, que j'*effraie*, etc. On excepte les verbes
dont le participe présent est en *eyant*, comme
grasseyant, asseyant, que j'*asseye*, que je *gras-
seye*, parce que l'*e* qui précède l'*y* grec est fermé.

124. — Du participe passif on forme
Tous les temps composés, au moyen des auxiliaires *avoir* et *être* : j'ai chanté, il *avait* fini,
je *serai* tombé, etc.

125. — Du présent de l'indicatif on forme
Le futur de l'impératif, en supprimant les
pronoms sujets : *tu* chant*es, chante*; *nous* finis-
sons, finissons, etc.

126. — La seconde personne singulière de
l'impératif ne prend pas de *s* après l'*e* muet,
excepté quand le verbe est suivi des pronoms
en et *y*, et que ces pronoms sont compléments
de ce verbe (alors le *s* est euphonique et quelques grammairiens le mettent entre deux tirets).
Tu vas à la campagne, *mènes-y* des ouvriers,
mènes-en beaucoup, *sache en* trouver, *daigne y*
conduire ta sœur. L'impératif *va* suit la même
règle : *vas-y, va y* mettre ordre, *va en* chercher (*en* est le complément de *chercher*).

127. — Du passé défini on forme
L'imparfait du subjonctif en ajoutant *se* à la
seconde personne singulière de ce primitif : tu

chantas, que je *chantasse*, tu *répondis*, que je *répondisse*.

Des verbes irréguliers.

128. — Les verbes réguliers sont ceux qui se conjuguent dans tous leurs temps comme le verbe modèle de la conjugaison à laquelle ils appartiennent. Les verbes irréguliers sont ceux qui ne se conjuguent pas comme le verbe modèle.

Il y a des verbes qui ne sont irréguliers qu'aux temps primitifs, plusieurs de ces verbes appartiennent à des classes assez nombreuses pour être regardés comme des variétés de la conjugaison dont ils font partie : tels sont *ouvrir*, *sentir*, *craindre*, *paraître*, *conduire*, etc.

129. — *Verbes irréguliers aux temps primitifs.*

	PRÉSENT de l'Infinitif.	PARTICIPE présent.	PARTICIP. passif.	PRÉSENT de l'Indicatif.	PASSÉ défini.
2ᵉ CONJUGAISON	Bouillir.	Bouillant.	Bouilli.	Je bous.	Je bouillis.
	Fuir.	Fuyant.	Fui.	Je fuis.	Je fuis.
	Dormir.	Dormant.	Dormi.	Je dors.	Je dormis.
	Offrir (1).	Offrant.	Offert.	J'offre.	J'offris.
	Ouvrir (2).	Ouvrant.	Ouvert.	J'ouvre.	J'ouvris.
	Partir (3).	Partant.	Parti.	Je pars.	Je partis.
	Sentir (4).	Sentant.	Senti.	Je sens.	Je sentis.
	Servir.	Servant.	Servi.	Je sers.	Je servis.
	Tressaillir (5).	Tressaillant.	Tressailli.	Je tressaille.	Je tressaillis.
	Vêtir.	Vêtant.	Vêtu.	Je vêts.	Je vêtis.
3ᵉ CONJ.	Prévoir.	Prévoyant.	Prévu.	Je prévois.	Je prévis.
	Pourvoir.	Pourvoyant.	Pourvu.	Je pourvois.	Je pourvus.
	Surseoir.	Sursoyant.	Sursis.	Je surseois.	Je sursis.
4ᵉ CONJUGAISON	Battre.	Battant.	Battu.	Je bats.	Je battis.
	Circoncire.	Circoncisant.	Circoncis.	Je circoncis.	Je circoncis.
	Conclure (6).	Concluant.	Conclu.	Je conclus.	Je conclus.
	Conduire (7).	Conduisant.	Conduit.	Je conduis.	Je conduisis.
	Confire.	Confisant.	Confit.	Je confis.	Je confis.
	Coudre.	Cousant.	Cousu.	Je couds.	Je cousis.
	Croître.	Croissant.	Crû.	Je crois.	Je crus.
	Croire.	Croyant.	Cru.	Je crois.	Je crus.
	Craindre (8).	Craignant.	Craint.	Je crains.	Je craignis.
	Écrire.	Écrivant.	Écrit.	J'écris.	J'écrivis.
	Lire.	Lisant.	Lu.	Je lis.	Je lus.
	Maudire.	Maudissant.	Maudit.	Je maudis.	Je maudis.
	Médire (9).	Médisant.	Médit.	Je médis.	Je médis.
	Mettre.	Mettant.	Mis.	Je mets.	Je mis.
	Moudre.	Moulant.	Moulu.	Je mouds.	Je moulus.
	Naître.	Naissant.	Né.	Je nais.	Je naquis.
	Nuire.	Nuisant.	Nui.	Je nuis.	Je nuisis.
	Paraître (10).	Paraissant.	Paru.	Je parais.	Je parus.
	Plaire.	Plaisant.	Plu.	Je plais.	Je plus.
	Résoudre (11).	Résolvant.	Résolu et résous.	Je résous.	Je résolus.
	Rire.	Riant.	Ri.	Je ris.	Je ris.
	Rompre.	Rompant.	Rompu.	Je romps.	Je rompis.
	Suffire.	Suffisant.	Suffi.	Je suffis.	Je suffis.
	Suivre.	Suivant.	Suivi.	Je suis.	Je suivis.
	Taire.	Taisant.	Tû.	Je tais.	Je tus.
	Vaincre.	Vainquant.	Vaincu.	Je vaincs.	Je vainquis.
	Vivre.	Vivant.	Vécu.	Je vis.	Je vécus.

130. — Les composés se conjuguent comme leurs simples : ainsi *commettre*, *revêtir*, etc., se conjuguent comme *mettre*, *vêtir*.

D'après les verbes notés se conjuguent (1)

souffrir, (2) *couvrir,* (3) *sortir,* (4) *mentir,* (5)
assaillir, (6) *exclure,* (7) les verbes en *uire,*
(8) les verbes en *indre,* (9) *dédire, contredire,*
interdire, prédire : le verbe *dire* est dans le tableau suivant ; (10) tous les verbes en *aître,*
(11) *dissoudre, absoudre,* qui n'ont ni passé défini ni son dérivé. Il *a résolu* signifie il a pris la
résolution ; mais on dit : le soleil *a résous*
(*changé*) le brouillard en pluie.

131. — *Verbes irréguliers aux temps primitifs*
et aux temps dérivés.

	PRÉSENT de l'Infinitif.	PARTICIPE présent.	PARTICIP. passif.	PRÉSENT de l'Indicatif.	PASSÉ défini.
1re CONJ.	Aller. Envoyer.	Allant. Envoyant.	Allé. Envoyé.	Je vais. J'envoie.	J'allai. J'envoyai.
2e CONJUG.	Acquérir (1). Courir. Cueillir (2). Haïr. Mourir. Tenir (3).	Acquérant. Courant. Cueillant. Haïssant. Mourant. Tenant.	Acquis. Couru. Cueilli. Haï. Mort. Tenu.	J'acquiers. Je cours. Je cueille. Je hais. Je meurs. Je tiens.	J'acquis. Je courus. Je cueillis. Je haïs. Je mourus. Je tins.
3e CONJUGAISON.	Asseoir. Avoir. Devoir. Échoir. Mouvoir. Pleuvoir. Prévaloir. Recevoir (4). Savoir. Valoir. Voir. Vouloir. Pouvoir.	Asseyant. Ayant. Devant. Échéant. Mouvant. Pleuvant. Prévalant. Recevant. Sachant. Valant. Voyant. Voulant. Pouvant.	Assis. Eu. Dû. Échu. Mu. Plu. Prévalu. Reçu. Su. Valu. Vu. Voulu. Pu.	J'assieds. J'ai. Je dois. J'échois. Je meus. Il pleut. Je prévaux. Je reçois. Je sais. Je vaux. Je vois. Je veux. Je puis *ou* je peux.	J'assis. J'eus. Je dus. J'échus. Je mus. Il plut. Je prévalus. Je reçus. Je sus. Je valus. Je vis. Je voulus. Je pus.
4e CONJUG.	Boire (5). Dire (6). Être. Faire. Prendre.	Buvant. Disant. Étant. Faisant. Prenant.	Bu. Dit. Été. Fait. Pris.	Je bois. Je dis. Je suis. Je fais. Je prends.	Je bus. Je dis. Je fus. Je fis. Je pris.

Ainsi se conjuguent d'après les verbes notés

(1) *conquérir*, etc., (2) *accueillir*, (3) *venir*, (4) tous les verbes en *cevoir*, (5) *imboire*, (6) *redire*.

132. — *Irrégularités des verbes de ce tableau.*

Observations. Les verbes irréguliers au futur le sont au conditionnel. Les personnes remplacées par ce trait — sont régulières. ALLER. Présent, je vais, tu vas, il va, nous allons, — ils vont. *Futur*, j'irai, etc. *Impératif*, va. *Présent du subjonctif*, que j'aille, etc., que nous allions, — qu'ils aillent.

ENVOYER. *Futur*, j'enverrai, etc.

ACQUÉRIR. *Présent*, j'acquiers, — nous acquérons, — ils acquièrent. *Futur*, j'acquerrai, etc. *Présent du subjonctif*, que j'acquière, etc., que nous acquérions, — qu'ils acquièrent.

COURIR. *Futur*, je courrai, etc.

CUEILLIR. *Futur*, je cueillerai, etc.

HAÏR. *Présent*, je hais, etc. (prononcez je *hès*, sans tréma), nous haïssons, etc. *Passé défini*, je haïs (avec tréma), nous haïmes, etc., sans accent circonflexe, à cause du tréma, ainsi qu'à la troisième personne singulière de l'incertain du subjonctif, qu'il *haït*. Impératif régulier, *hais*.

MOURIR. *Présent*, je meurs, — nous mourons, — ils meurent. *Futur*, je mourrai, etc. *Présent du subjonctif*, que je meure, etc., que nous mourions, — qu'ils meurent.

TENIR. *Présent*, je tiens, etc., nous tenons, — ils tiennent. *Futur*, je tiendrai, etc. *Présent du subjonctif*, que je tienne, etc., que nous tenions, — qu'ils tiennent.

ASSEOIR. J'assieds, etc., nous asseyons, etc. *Futur*, j'assiérai, j'asseyerai ou j'asseierai

(moins bien). *Présent du subjonctif,* que je *m'asseye,* etc. On conjugue quelquefois ce verbe comme *surseoir,* je m'assois, je m'assoyais, je m'asseoirai ; cette conjugaison n'est guère usitée qu'au figuré : *asseoir* les impôts. (On commence à supprimer l'*e* inutile dans *assoir.*)

Devoir. *Présent,* je dois, — nous devons, — ils doivent. *Futur,* je devrai, etc. *Présent du subjonctif,* que je doive, etc., que nous devions, qu'ils doivent.

Echoir. J'échois, — il échoit ou il échet, nous échéons, — ils échéent ou échoient. *Passé simultané,* j'échoyais, et mieux j'échéais. *Futur,* J'écherrai, etc.

Mouvoir. Je meus, etc., nous mouvons, — ils meuvent. *Futur,* je mouvrai, etc. *Présent du subjonctif,* que je meuve, etc., que nous mouvions, — qu'ils meuvent.

Pleuvoir. *Futur,* il pleuvra.

Pouvoir. Je puis ou je peux, etc., nous pouvons, — ils peuvent. *Futur,* je pourrai, etc. *Présent du subjonctif,* que je puisse, etc. A l'impératif on dit *peux,* à l'interrogatif *puis-je.*

Prévaloir. Se conjugue comme *valoir,* mais il a le présent du subjonctif régulier, que je *prévale.*

Recevoir. Je reçois, etc., nous recevons, — ils reçoivent. *Futur,* je recevrai, etc. *Présent du subjonctif,* que je reçoive, etc., que nous recevions, — qu'ils reçoivent.

Savoir. Je sais, — nous savons, vous savez, ils savent. *Futur,* je saurai, etc. *Impératif,* sache, sachons, sachez. *Présent du subjonctif,* que je sache (régulier). On emploie dans certains cas la première personne du présent subjonctif au lieu de la première personne du présent indicatif ; avec une expression négative : *je ne sache* pas vous avoir donné lieu de vous plaindre (J.-J. ROUSSEAU).

VALOIR. Je vaux, etc. *Futur*, je vaudrai, etc. *Présent du subjonctif*, que je *vaille*, etc. que nous valions, — qu'ils vaillent.

VOIR. *Futur*, je verrai, etc.

VOULOIR. Je veux, etc., nous voulons, — ils veulent. *Futur*, je voudrai, etc. *Présent du subjonctif*, que je veuille, etc., que nous voulions, — qu'ils veuillent. Ce verbe a deux impératifs : *veuille, veuillons, veuillez*, expressions de politesse, et *veux, voulons, voulez*, expressions de commandement : *voulons* et nous pourrons.

BOIRE. Je bois, etc., nous buvons, — ils boivent. *Présent du subjonctif*, que je boive, etc., que nous buvions, — qu'ils boivent.

DIRE. Je dis, etc., nous disons, vous dites, — ils disent.

FAIRE. Je fais, etc., nous faisons, vous faites, ils font. *Futur*, je ferai, etc. *Présent du subjonctif*, que je fasse, etc. Quelques uns écrivent *fesant*, je *fesais*.

PRENDRE. Je prends, — nous prenons, — ils prennent. *Présent du subjonctif*, que je prenne, etc., que nous prenions, — qu'ils prennent.

Des verbes défectifs.

133. — Les verbes défectifs sont ceux auxquels l'usage a refusé certains temps ou certaines personnes.

Il n'y a point de verbe défectif dans la première conjugaison. Tout verbe défectif qui a le futur a le conditionnel.

Défaillir n'a que le participe présent, et tout ce qui en dérive, nous *défaillons*, etc., je *défaillais*, etc., etc.; le passé déf. je *défaillis*, son dérivé, et le part. passif *défailli*.

Faillir n'a que les participes *faillant*, *failli*, le passé défini je *faillis*, et son dérivé, que je *faillisse*, etc.

Gésir, inusité à l'infinitif, n'a que les personnes suivantes : il *gît* (*ci-gît*), nous *gisons*, vous *gisez*, ils *gisent*; le passé simultané, je *gisais*, etc.

Ouïr n'a que le participe passé *ouï*, le passé défini, j'*ouïs*, etc., nous *ouïmes*, etc., sans accent sur l'*i*; son dérivé, que j'*ouïsse*, etc.

Quérir n'a que ce temps. Il en est de même de *ravoir*, *poindre* (pour paraître), *férir*, *méfaire*, *parfaire*, etc.

Déchoir a : présent, je *déchois*, etc.; nous *déchoyons*, etc.; passé défini, je *déchus*, etc., son dérivé; futur, je *décherrai*, etc.; présent du subjonctif, que je *déchoie*, etc.; participe passif, *déchu*; sans participe présent ni passé simultané.

Seoir, inusité à l'infinitif, n'a que les 3es personnes suivantes : cela *sied*, ces fleurs *siéent* bien; il vous *seyait*, ces rubans vous *seyaient*; il *siéra*, ils *siéront*; il vous *siérait*, ils vous *siéraient*; je doute que cela vous *siée*, que ces choses vous *siéent*. (Le participe *seyant* et son dérivé *seyait* sont peu usités.) On dit *séant*, *sis* dans le sens d'*être placé*.

Messeoir se conjugue comme *seoir*.

Accroire n'a que ce temps.

Braire, *brayant*, *brait*, il *brait*; sans passé défini. Voltaire écrivait à d'Alembert, 19 octobre 1764 : Non, vous ne *brairez* point; mais vous frapperez rudement les Welches qui *braient*.

BRUIRE n'est d'usage que dans il *bruit*, il *bruyait*, les vents *bruyaient*, au participe, *bruyant*. On trouve, dans les écrivains, les insectes *bruissent*, les serpens à sonnette *bruissaient* (Châteaubriand). Ces formes appartiennent au verbe *bruisser*, oublié dans les dictionnaires, et qui est relatif à *bruissement*.

CLORE n'a que le singulier du présent, je *clos*, tu *clos*, il *clôt*; le futur, je *clorai*, etc.; le présent subjonctif, que je *close*, etc. ENCLORE se conjugue de même. ECLORE a de plus la 3ᵉ personne plurielle, ils *éclosent*. Tous ces verbes ont le participe passif *clos, enclos, éclos*. On trouve *clorre*.

FRIRE n'a que le singulier du présent, je *fris*, etc.; le futur; je *frirai*, etc.; l'impératif, *fris*; le participe passif, *frit*.

LUIRE, RELUIRE se conjuguent comme *nuire*; mais ils n'ont ni le passé défini, ni son dérivé.

PAÎTRE se conjugue comme *paraître*, sans passé défini ni le dérivé; le participe *pu* est inusité. *Repaître* a tous les temps.

TISTRE, inusité à l'infinitif, n'a que le passé défini, je *tissus*, etc., employé par Voltaire au propre (le *Pauvre Diable*) et au figuré (la *Prude*); le participe *tissu*. On emploie *tisser* au propre.

TRAIRE, *trayant, trait*, je *trais*, sans passé défini ni son dérivé, ce qui est général pour tous les composés : *extraire, distraire*, etc.

Radicales et finales des verbes.

134. — On appèle *radicales* les lettres qui sont comme la racine du verbe, qui en contien-

nent l'idée principale ; on appèle *finales* les lettres qui marquent l'accident du verbe par sa terminaison.

135. — OBSERVATIONS GÉNÉRALES. *Singulier.* Quand la 1re personne d'un temps se termine par l'*e* muet, la 2e prend *s*, la 3e est semblable à la 1re : je *chante*, tu *chantes*, il *chante*. La 3e personne de l'imparfait du subjonctif prend *t*.

Quand la 1re personne d'un temps ne finit pas par un *e* muet, elle finit par *s*, ainsi que la 2e, et la 3e prend *t* : je *finis*, tu *finis*, il *finit*; excepté le passé défini de la 1re conjugaison : je *chantai*, et le futur de tous les verbes, je *chanterai*, je *recevrai*, etc. : alors la 3e est en *a*, il *finira*, il *répondra*. Je *veux*, je *vaux*, je *peux* prennent *x*.

Dans les verbes terminés par *ds*, *cs*, *ts*, on supprime seulement *s* à la 3e personne : il *répond*, il *vainc*, il *bat*.

Pluriel. La 1re personne est en *ons*, la 2e en *ez*, la 3e en *ent* (muet); excepté au passé défini, où la 1re et la 2e personne se terminent en *mes* et *tes*, syllabes muettes, et au futur, où la 3e est en *ont*.

136. — OBSERVATIONS PARTICULIÈRES. Présent de l'indicatif, *e*, *es*, *e*, *ons*, *ez*, *ent*, pour la 1re conjugaison et quelques autres verbes ; *s*, *s*, *t*, *ons*, *ez*, *ent*, pour les trois autres conjugaisons.

Passé simultané, *ais*, *ais*, *ait*, *ions*, *iez*, *aient* : je *chantais*, je *finissais*, etc. Ainsi, dans les verbes dont le participe présent est terminé par *yant*, comme *appuyant*, *voyant*, l'*y* grec sera suivi d'un *i*, aux deux premières personnes plurielles de ce temps : nous *appuyions*, vous *appuyiez*, nous *voyions*, etc.

Ceux dont le participe est en *iant*, comme *priant*, *riant*, ont deux *i* : nous *priions*, vous *riiez*.

Passé défini, quatre terminaisons : *ai, as, a, âmes, âtes, èrent*, pour la première conjugaison; *is, is, it, îmes, îtes, irent*, pour la seconde conjugaison et beaucoup d'autres verbes ; *us, us, ut, ûmes, ûtes, urent*, pour la 3e en général ; *ins, ins, int, inmes, intes, inrent*, pour *tenir* et *venir*, et les dérivés.

Futur absolu : *rai, ras, ra, rons, rez, ront*, pour tous les verbes.

Conditionnel : *rais, rais, rait, rions, riez, raient*, aussi pour tous les verbes.

Présent du subjonctif, *e, es, e, ions, iez, ent*, pour tous les verbes, excepté *être*. Les deux premières personnes plurielles de ce temps sont toujours semblables aux deux premières personnes plurielles du passé simultané.

Incertain du subjonctif. Ce temps a les quatre terminaisons phoniques de son primitif : *asse, isse, usse, insse*. On met l'accent circonflexe sur la voyelle qui précède le *t* final de la 3e personne singulière de ce temps : qu'il *chantât*, qu'il *finit*.

CONJUGAISON DES VERBES PASSIFS.

137. — La conjugaison des verbes passifs se forme de l'auxiliaire *être*, dans tous ses temps, et du participe passif. Voici le présent de l'indicatif du verbe *être aimé*.

Je suis aimé (*masc.*) ou aimée (*fém.*).
Tu es aimé *ou* aimée.
Il est aimé *ou* elle est aimée.

Nous sommes aimés (*masc. plur.*) *ou* aimées (*fém. plur.*).
Vous êtes aimés *ou* aimées.
Ils sont aimés *ou* elles sont aimées.

Ainsi se conjuguent *être fini, être pourvu,* etc.

CONJUGAISON DES VERBES NEUTRES.

138. — Les verbes neutres se conjuguent comme les verbes actifs, quand ils prennent l'auxiliaire *avoir;* quand ils prennent l'auxiliaire *être,* le participe varie à la manière passive aux temps composés. Voici, en abrégé, la conjugaison du verbe *venir.*

INDICATIF
PRÉSENT.
Je viens, etc.
Nous venons, etc.
PASSÉ SIMULTANÉ.
Je venais, etc.
PASSÉ DÉFINI.
Je vins, etc.
PASSÉ INDÉFINI.
Je suis venu (*masc.*)
ou venue (*fém.*), etc.
Nous sommes venus
u venues, etc.
PASSÉ ANTÉRIEUR IMMÉDIAT.
Je fus venu *ou* venue, etc.
Nous fûmes venus *ou* venues, etc.
PASSÉ ANTÉRIEUR MÉDIAT.
J'étais venu *ou* venue, etc.
FUTUR ABSOLU.
Je viendrai, etc.

FUTUR ANTÉRIEUR.
Je serai venu *ou* venue, etc.

CONDITIONNEL
PRÉSENT OU FUTUR.
Je viendrais, etc.
PA
Je serais *ou* je fusse venu
ou venue.

IMPÉRATIF
FUTUR.
Viens, etc.

SUBJONCTIF
PRÉSENT OU FUTUR.
Que je vienne, etc.
INCERTAIN.
Que je vinsse, etc.
PASSÉ.
Que je sois venu ou venue, etc.

PASSÉ ANTÉRIEUR.   PASSÉ.

Que je fusse venu *ou* venue,   Être venu *ou* venue.
etc.   PARTICIPE

INDÉFINI ou INFINITIF   PRÉSENT.

Venant.

PRÉSENT.   PASSÉ.

Venir.   Étant venu *ou* venue, etc.

CONJUGAISON DES VERBES RÉFLÉCHIS.

139. — Les verbes réfléchis se conjuguent toujours avec l'auxiliaire *être*, qui remplace l'auxiliaire *avoir*; le participe varie aux temps composés, si les pronoms réfléchis sont en régimes directs.

INDICATIF

PRÉSENT.

Je me conduis.
Tu te conduis.
Il *ou* elle se conduit.
Nous nous conduisons.
Vous vous conduisez.
Ils *ou* elles se conduisent.

PASSÉ SIMULTANÉ.

Je me conduisais, etc.

PASSÉ DÉFINI.

Je me conduisis, etc.

PASSÉ INDÉFINI.

Je me suis conduit *ou* conduite, etc.
Nous nous sommes conduits *ou* conduites, etc.

PASSÉ ANTÉRIEUR IMMÉDIAT.

Je me fus conduit *ou* conduite, etc.
Nous nous fûmes conduits *ou* conduites, etc.

PASSÉ ANTÉRIEUR MÉDIAT.

Je m'étais conduit *ou* conduite, etc.

FUTUR ABSOLU.

Je me conduirai, etc.

FUTUR ANTÉRIEUR.

Je me serai conduit *ou* conduite, etc.

CONDITIONNEL

PRÉSENT OU FUTUR.

Je me conduirais, etc.

PASSÉ.

Je me serais conduit *ou* conduite, etc.

IMPÉRATIF

FUTUR.

Conduis-toi.
Conduisons-nous.
Conduisez-vous.

SUBJONCTIF	INFINITIF ou INDÉFINI
PRÉSENT OU FUTUR.	PRÉSENT.
Que je me conduise, etc.	Se conduire.
INCERTAIN OU IMPARFAIT.	PASSÉ.
Que je me conduisisse, etc.	S'être conduit ou conduite.
PASSÉ.	PARTICIPE
Que je me sois conduit ou conduite, etc.	PRÉSENT.
PASSÉ ANTÉRIEUR.	Se conduisant.
Que je me fusse conduit ou conduite, etc.	PASSÉ.
	S'étant conduit ou conduite.

CONJUGAISON DES VERBES UNIPERSONNELS.

140. — Les verbes unipersonnels se conjuguent à la 3ᵉ personne comme les autres verbes : il *faut*, il *fallait*, il *fallut*, il *a fallu*, il *eût fallu*, il *avait fallu*, il *faudra*, il *faudrait*, qu'il *faille*, qu'il *fallût*, etc.

CHAPITRE VI.

DE L'ADVERBE.

Ce qui se conçoit *bien* s'énonce *clairement*,
Et les mots pour le dire arrivent *aisément*. (BOILEAU.)

141. — Les mots *bien*, *clairement*, *aisément* qualifient ou modifient les verbes auxquels ils sont joints, voilà pourquoi on les nomme adverbes; mais quand on dit : il est *bien* aimable, il marche *bien* doucement, l'adverbe *bien* modifie l'adjectif *aimable* et l'adverbe *doucement*. L'adverbe est un mot invariable qui modifie ordinairement un verbe et quelquefois un adjectif ou un adverbe.

142. — Quelques adverbes ont un complément marqué par *à* ou *de* : *antérieurement à...*, *conformément à...*, *dépendamment de...*, *différemment de...* Ils conservent le complément des adjectifs dont ils dérivent : *conforme à...*, *dépendant de...*

143. — L'adverbe simple est celui qui s'énonce en un seul mot : *sagement*, *toujours*. On appèle adverbe composé ou locution adverbiale tout assemblage de mots équivalent à un adverbe simple : *avec fureur* pour *furieusement*, *en général* pour *généralement* ; *péle-méle*, *sens dessus-dessous*, etc.

144. — On distingue plusieurs sortes d'adverbes :

1°. De manière : *sagement*, *poliment*, *mollement*, etc.

2°. D'ordre : *premièrement*, *d'abord*, *ensuite*, etc.

3°. De temps : *hier*, *aujourd'hui*, *déjà*, *bientôt*, *jamais*, etc.

4°. De quantité : *beaucoup*, *trop*, *peu*, *autant*, *très*, etc.

5°. De lieu : *ici*, *là*, *ailleurs*, *partout*, *dedans*, etc.

6°. De comparaison : *plus*, *moins*, *aussi*, *presque*, etc.

7°. De négation et d'affirmation : *non*, *ne*, *ne pas*, *nullement*, *oui*, *certes*, *si*, etc.

Formation des adverbes de manière.

145. — La plupart des adverbes de manière sont terminés en *ment*, et se forment d'adjectifs qualificatifs de la manière suivante :

1°. Quand l'adjectif est terminé par une

voyelle, on y ajoute *ment* : agréable, *agréablement*; vrai, *vraiment*; ingénu, *ingénument*. C'est donc à tort que l'on écrirait *gaiement*, *duement*. C'est sur le féminin des adjectifs *beau, nouveau, mou, fou,* que se forme l'adverbe. *Impuni* fait *impunément; traître* fait *traîtreusement*.

L'*e* muet des adjectifs *aveugle, commode, conforme, énorme, opiniâtre, uniforme* devient *é* fermé dans l'adverbe : *aveuglément, commodément*; etc.

2°. Quand l'adjectif est terminé au masculin par une consonne, on ajoute *ment* au féminin : bon, bonne, *bonnement*; doux, douce, *doucement*, etc. Gentil fait *gentiment*.

L'*e* muet final des adjectifs féminins *commune, confuse, expresse, importune, obscure, précise, profonde* devient *é* fermé dans l'adverbe : *communément, confusément*, etc.

3°. Quand l'adjectif est terminé par *ant* ou *ent*, on change *nt* en *mment* : élégant, *élégamment*; prudent, *prudemment*, etc. *Lent, présent, véhément* font *lentement, présentement, véhémentement*.

Instamment, notamment, sciemment, etc., sont formés d'adjectifs inusités.

REMARQUES. 1°. L'adverbe *bien* fait, au comparatif, *mieux, mal* fait *pis*. 2°. Certains adjectifs s'emploient comme adverbes : frapper *fort*, sentir *bon*, voir *clair*, coûter *cher*, etc. 3°. On supprime quelquefois l'*e* final de *encore* dans les vers, et l'on ajoute un *s* à l'adverbe *guère*.

CHAPITRE VII.

DE LA PRÉPOSITION.

A ta faible raison garde-toi *de* te rendre :
Dieu t'a fait *pour* l'aimer et non *pour* le comprendre.
(VOLTAIRE.)

146. — *A* marque le rapport de tendance qui se trouve entre *raison* et *rendre; pour* marque un rapport de cause entre *fait* et *aimer,* ou *comprendre; de* marque un rapport d'éloignement, etc. : *à, de, pour* sont des *prépositions.* Cette espèce de mots tire son nom de sa *position avant* son régime. (On excepte l'expression *sa vie durant.*)

La préposition est un mot invariable qui indique le rapport sous l'idée duquel un mot restreint, complète la signification d'un autre mot.

147. — 1°. Le complément d'une préposition est quelquefois sous-entendu : c'est *selon,* penser *pour* et parler *contre.* 2°. Une préposition en modifie quelquefois une autre : *Séparer* les loups *d'avec* les brebis ; passez *par chez* nous, etc.

148. — Il y a des prépositions simples, *à, de, envers,* etc., et des prépositions composées ou locutions prépositives, *quant à, vis-à-vis de,* etc.

La même préposition exprimant des rapports différens, il est impossible de classer ces mots d'une manière exclusive. Voici un tableau des prépositions dans leurs rapports les plus ordinaires.

Le lieu.	Autour de.	De.	Devers.
A.	A travers.	Derrière.	En.
A côté de.	Au travers de	Devant.	En deçà de.
Au delà de.	Chez.	Dès.	Entre.
Par delà le.	Dans.	Dessous.	Hors de.
Delà le.		Dessus.	Joignant.
Jusqu'à.	*L'ordre.*	Supposé.	
Loin de.	Avant.		*Le but.*
Par.	Après.	*La séparation.*	Concernant.
Par dessus.	Depuis.	Excepté.	Envers.
Parmi.		Hors.	Touchant.
Près de.	*L'union.*	Hormis.	
Proche.	Avec.	Sans.	*La cause.*
Sous.	Durant.	Sauf.	A cause de.
Sur.	Environ.		Pour.
Vers.	Outre.	*L'opposition.*	Attendu.
Vis-à-vis.	Pendant.	Contre.	Vu.
Attenant.	Selon.	Malgré.	Moyennant.
	Suivant.	Nonobstant.	

Nota. *Durant, pendant, attendu, vu, excepté,* etc., ne sont qu'accidentellement prépositions.

CHAPITRE VIII.

DE LA CONJONCTION.

Le vers le mieux rempli, la plus noble pensée
Ne peut plaire à l'esprit *quand* l'oreille est blessée. (Boil.)

149.—La fonction du mot *quand* est d'unir la première proposition de ces vers à la seconde; mais il unit ces propositions sous une idée de circonstance : ce mot est une *conjonction.*

La conjonction est un mot invariable qui sert à unir une proposition à une autre sous la dépendance d'un rapport quelconque. La conjonction est aux phrases ce que la préposition est aux mots.

150. — Quand on dit : il est riche *et* bienfaisant, il ne veut *ni* boire *ni* manger, il est dans la chambre *ou* dans la rue, les conjonctions *et*, *ni*, *ou* ne lient deux mots ou deux membres de phrase que par ellipse (mots sous-entendus).

151. — Il y a des conjonctions simples, *et*, *ni*, *mais*, etc., et des conjonctions composées ou locutions conjonctives formées de deux termes corrélatifs, *tandis que*, *attendu que*, *lorsque*, etc.

152. — On divise les conjonctions en plusieurs classes :

1°. Les copulatives ou additives : *et*, *ni*.

2°. Les alternatives : *ou*, *ou bien*, *soit que*, etc.

3°. Les adversatives : *mais*, *quoique*, *pourtant*, *néanmoins*, *cependant*, etc.

4°. Les circonstancielles : *lorsque*, *comme*, *dès que*, *tandis que*, *jusqu'à ce que*, etc.

5°. Les conditionnelles : *si*, *sinon*, *à moins que*, etc.

6°. Les causatives : *car*, *parce que*, *afin que*, *puisque*, *vu que*, etc.

7°. Les conclusives ou transitives : *or*, *donc*, *ainsi*, *du reste*, *au reste*, *aussi*, etc. La conjonction *que*, après un verbe, est déterminative.

Ces noms sont relatifs aux divers rapports que ces conjonctions expriment.

———

CHAPITRE IX.

DE L'INTERJECTION.

Hélas! on voit que, de tout temps ,
Les petits ont pâti des sottises des grands. (LA FONT.)

153. — Le mot *hélas!* exprime la sensation pénible qu'éprouve celui qui parle ; ce mot est une *interjection* (*).

L'interjection est un mot invariable qui exprime une émotion, une affection vive ou profonde de l'ame. Les interjections sont,

1°. Pour l'admiration, l'étonnement : *ah! ha! oh! ho! ô! heu! euh! eh! hé! ha,ha! ho, ho!* etc., *tarare!* etc.

2°. Pour la douleur, l'affliction : *ah! oh! eh! ouf! aïe! ahi! aye! hélas! holà!* etc.

3°. Pour la dérision , la défiance , l'ironie : *oui-dà! ah! hum! hom! ouais!*

4°. Pour l'aversion, le mépris : *fi! fi donc! pouah! bah! baste! hon! zeste!*

5°. Pour appeler, questionner, sonder : *hé! hé bien! hem! hein! ho! holà! oh là! heim! st!*

6°. Pour avertir, encourager : *gare! alerte! sus! hé! eh! çà!*

7°. Pour imposer silence : *chut! st!*

154. — Il y a des mots qui s'emploient acci-

(*) Les interjections forment à elles seules un langage *affectif*, indépendant de toute loi de syntaxe : elles s'intercalent dans le discours, sans en faire partie; elles n'expriment pas des idées, ce ne sont pas réellement des mots, mais des cris qui précèdent la réflexion. (Voy. mon article dans le *Journal grammatical*, ou dans la *Grammaire nationale*.)

dentellement comme interjections : *quoi! ciel!
grand Dieu! bon! paix! courage! patience!
dame* (abréviation de *par Notre-Dame*)*!* On
regarde encore comme interjections les jurons
parbleu, morbleu, corbleu, ventrebleu, etc.,
corruptions des mots *par dieu,* etc., ainsi que
mordié, morguenne, du style villageois.

155. — Parmi les interjections, celles où le *h*
précède expriment un sentiment vif, celles où
le *h* est final un sentiment prolongé; on trouve
même dans Beaumarchais *éeeh! óooh!*

156. — Il ne faut pas confondre avec les interjections les onomatopées ou imitations de
certains bruits : *crac, paf, pouf,* etc.

157. — *Monographies.*

1°. Le connaissez-vous ? *oui, non.* Ces mots
oui, non sont regardés comme adverbes. *Oui* signifie : cela est *ouï,* entendu.

2°. *Voici, voilà* sont mis pour *vois ici, vois
là;* ce sont des propositions implicites.

3°. Dans Il a du vin *plein* son verre, *plein* est
regardé comme préposition.

SECONDE PARTIE.

ORTHOGRAPHE.

—

158. — L'orthographe est la partie de la grammaire qui traite de la manière d'écrire les mots.

159. — Les mots peuvent être considérés isolément ou dans leurs rapports mutuels ; de là deux orthographes, l'une *absolue*, l'autre *relative*.

1°. L'orthographe absolue ou d'usage est l'art d'écrire les mots isolément d'après l'usage le mieux autorisé ; 2° l'orthographe relative ou de principes est l'art d'écrire les mots avec les variations qui indiquent leurs relations mutuelles.

L'orthographe d'usage est difficile dans notre langue, où l'on a tantôt conservé, tantôt rejeté les lettres étymologiques ; où l'on a rarement consulté l'analogie et la raison. En attendant qu'une réforme sage s'opère dans le système graphique de notre langue, nous allons exposer quelques principes généraux qui pourront aplanir une partie de ces difficultés.

CHAPITRE Iᵉʳ.

DÉRIVATIONS. DÉSINENCES.

160. — La consonne finale de la plupart des mots ne se prononçant pas, il faut, pour la connaître, consulter les dérivés : ainsi l'on écrira *bond, bord, bois,* à cause des dérivés *bondir, border, boiser ;* on écrira *champ, faim, galop,* à cause de *champêtre, affamé, galoper;* on écrira *plomb, parfum, sang,* à cause de *plomber, parfumer, sanguin,* etc. Cependant *abri, indigo, horizon, bijou,* etc., n'ont point de *t,* quoiqu'il y en ait un dans les dérivés : *abriter, horizontal,* etc.

161. — Distinction des genres dans les terminaisons.

1°. Quand un mot se termine par une voyelle rendue longue par l'addition de l'*e* muet, il est du féminin : *futaie, partie, fée, lieue, joie;* si la voyelle est brève, il est du masculin : *parti, lieu, chou,* etc. Cependant les mots *foie, athée, incendie, génie, trophée,* etc., sont masculins.

2°. Les noms féminins qui ont la voyelle brève au singulier ne prennent pas l'*e* muet : *fourmi, brebis, vertu, loi.* Il en est de même de tous les substantifs terminés par *tié : amitié, pitié;* et de ceux terminés par *té : bonté, félicité.* On excepte ceux qui expriment une idée de contenue : *hottée, portée,* etc. (voyelle longue).

3°. X termine *perdrix, paix, noix, poix, croix, voix, toux,* etc.

162. — Terminaisons par une consonne articulée.

1. *Aque, ique, oque* terminent des adjectifs masculins, excepté *public.*

2. Les sons mouillés *ail, eil, il, euil, ouil* sont masculins et brefs : le *corail,* le *soleil,* le *péril,* etc. On ajoute *le* pour le féminin : *bataille* (long), *bouteille,* etc.

3. Excepté les cinq substantifs *cil, exil, fil, pistil, profil,* et les six adjectifs *bissextil, civil, puéril, vil, viril, volatil,* les autres mots de cette désinence ont l'*e* muet.

4. *Délire, vampire, empire, sire,* quoique

masculins, ont l'*e* muet; *martyre* (tourment), *porphyre*, *satyre* ont de plus l'*y* grec.

5. *Oir* termine 1° *espoir*, *manoir*, *dortoir*, *ostensoir*; 2° tous les noms masculins dérivés d'un verbe, *lavoir*, *rasoir*, etc. *Oire* termine 1° tous les noms féminins *poire*, *gloire*, etc.; 2° tous les noms masculins non dérivés d'un verbe, *auditoire*, *ivoire*, etc.; tous les adjectifs masculins, *illusoire*; excepté *noir*.

6. *Azur*, *mur* sont les seuls substantifs de cette terminaison qui n'aient pas l'*e* muet; *parjure* est le seul adjectif de cette désinence qui ait l'*e* muet.

7. *Ale* est féminin, excepté dans *ovale*, *dédale*, *scandale*, *intervalle*.

163. — *Terminaisons diverses.*

1. — **A**, seul, termine des mots étrangers, *agenda*, *quinquina*, etc.; **at** termine des noms de dignités, de professions: *potentat*, *magistrat*, *avocat*, etc.; **as** est long: *taffetas*, *trépas*, etc.

2. **aire** termine les noms d'action, de professions: *réfractaire*, *notaire*, *sectaire*; et beaucoup d'adjectifs masculins: *solitaire*, *centenaire*, etc.

iaire termine des noms masculins: *bréviaire*, etc.; **ière**, des noms féminins: *lumière*; excepté *lierre*.

air termine *air*, *chair*, *clair*, *éclair*, *pair*.

3. **aim** termine quatre mots: *daim*, *essaim*, *étaim* (laine fine), et *faim*; **ein** termine les cinq mots *dessein*, *frein*, *plein*, *sein*, *serein*. *Vingt* et *seing* ont un *g*.

4. **ait** ne termine que *lait*, *souhait*, *trait*, et les dérivés; **et** règne dans les autres mots.

5. ANCE termine des mots dérivés d'un participe présent : *espérance, confiance, consistance,* excepté *avance, balance, élégance;* ENCE termine les autres mots : *démence, science.* Cependant *ence* termine *existence, semence, négligence, excellence,* et tous les mots en *fluence, férence, sidence,* quoique dérivés de verbes.

ANSE par *a* et *s* termine *danse, panse, transe;* ENSE par *e* et *s* termine *immense, intense,* et tous les mots en *fense* et en *pense : offense, dépense,* etc.

6. ANCHE et ANGE prennent *a,* excepté dans *pervenche, pencher, venger,* et les dérivés s'entend.

7. Excepté *duché, évêché, clergé, congé,* et les noms primitivement participes passifs, *péché, préjugé,* les mots de ces terminaisons ont *r* final : *clocher, verger,* etc.

8. ÈCE par *c* ne se trouve que dans *espèce, nièce, pièce.*

9. ELLE avec l'*e* muet final a deux *l,* excepté dans *modèle, parentèle, clientèle, parallèle,* etc.

10. Le son ANDRE ne prend *a* que dans *répandre;* le son AINDRE ne prend *a* que dans *plaindre, craindre, contraindre.*

11. EUR final ne prend *e* que dans *heure, demeure, beurre, leurre* (dans les substantifs).

12. IER règne dans les noms de métiers, de qualités, d'arbres fruitiers : *chicanier, menuisier, poirier,* etc.

13. IFE avec l'*e* muet se trouve dans *calife, pontife.*

14. IS termine des mots dérivés de verbes : *abattis, arrachis,* etc.; *crucifix* et *prix* prennent *x;* on écrit *ris* ou *riz,* plante.

15. MENT prend *e*, excepté dans *diamant*, et les noms formés d'un participe présent : *aimant*, *charmant*, etc.

16. o seul est étranger : *écho*, *bravo*, etc. ; os et OT sont indiqués par la dérivation, l'analogie : *dispos*, *cachot*, etc.

17. AU est précédé de l'*e* muet : *bateau*, etc., excepté dans *étau*, *sarrau*, et dans les mots où le son *au* est précédé d'une voyelle : *noyau*, *gluau*.

18. OCE par *c* termine six mots : *atroce*, *féroce*, *négoce*, *noce*, *précoce*, *sacerdoce*.

19. OUCE par *c* termine *douce*, *pouce*.

20. OURE avec *e* ne se trouve que dans *bravoure*, *pandoure*, *bourre*; OURS prend *s* final dans *velours*, *rebours*, et dans *cours* est ses dérivés, *secours*, etc.

21. OUP avec *p* termine *coup*, *beaucoup*, *loup*.

22. SION par *s* règne après *l* et *r* et dans les mots en *pension*; excepté *portion*, *assertion*, *désertion*. On écrit encore par *sion dimension*, *ascension*.

Dans les mots en *tention*, deux prennent *s* : *tension*, *extension*; *t* règne dans les autres : *attention*, etc.

Écrivez par *ssion*, *passion*, etc., et les mots en *ession*, *ussion*, *mission*: *pression*, *discussion*, *rémission*. On excepte ceux qui se rattachent à des adjectifs où se trouve un *t* : *réplétion*, *exécution*, de *replet*, etc.

XION termine *complexion*, *connexion*, *flexion*, *fluxion*, et leurs composés : *succion*, *suspicion* seuls ont un *c*; *tion* règne partout ailleurs.

23. Les verbes de la quatrième conjugaison terminés en *ire* ont le participe passé en *it*,

4

excepté *luire*, *nuire*, *rire*, *suffire*, qui ont le participe en *i* comme tous les verbes de la deuxième conjugaison.

164. — *Observations diverses.*

1. Les substantifs terminés par *que*, et les verbes en *quer* changent *qu* en *c* dans les dérivés devant *a* : *bibliothèque*, *bibliothécaire*, *vaquer*, *vacances* ; excepté *attaquable*, *immanquable*, *remarquable*, *croquant*, *choquant*, *marquant* ; on écrit *fabricant* et *fabriquant*. (Quel chaos !)

2. Les dérivés des verbes en *guer*, comme *intriguer*, *extravaguer*, perdent l'u devant *a* : l'*intrigant*, l'*extravagant infatigable*. Le participe présent garde l'u : en *intriguant* on parvient.

3. N se change en *m* devant *b*, *p*, *m* : *emballer*, *emporter* ; excepté *embonpoint*, *bonbon*, *néanmoins*, nous *vînmes*.

4. IN initial ne prend *a* que dans *ainsi*.

5. *Essence*, *substance* changent *c* en *t* dans *essentiel*, *substantiel* ; *circonstanciel* garde *c*.

6. Dans le son *euil*, *u* se met devant *e* après *c* et *g* : *accueil*, *orgueil*.

7. OE se trouve dans *bœuf*, *cœur*, *chœur*, *mœurs*, *nœud*, *œuf*, *œuvre*, *manœuvre*, *œil*, *œillet*, *sœur*, *vœu*.

8. SC se trouve dans *science*, *scier*, *scintiller*, *scélérat*, *sceptre*, *scène*, *ascension*, *ascendant*, *adolescence*, *descendre*, *discerner*, *acquiescer*, *effervescence*, *disciple*, *faisceau*, *susceptible*, *viscère*, etc.

9. EX, devant *e*, *i*, au commencement d'un mot, est suivi de *c* quand il se prononce dur :

excès, exciter. Quand *ex* est doux (*egz*), il n'est pas suivi de *c : exercer, exister.*

10. Dans *rhume* et *rhétorique* et les dérivés, n'oubliez pas le *h* après le *r.*

11. *j* se met devant *a, o, u : jaloux, joli, jumeau;* le son *j* se représente par *g* devant *e, i : général, gîte,* excepté *jeter, Jésus* et les mots qui commencent par *jeu.*

CHAPITRE II.

DOUBLEMENT DES CONSONNES.

165. — *Particules initiales ou prépositives.*

Le doublement des consonnes dépend en partie de certaines particules prépositives qui de la langue latine ont passé dans la nôtre. Ce sont :

AD, en français *à,* qui marque tendance, but : *ad-joindre, a-doucir.*

COM — *avec,* l'union : *com-battre, con-tenir.*

IN — *en,* l'intériorité : *in-carcérer, em-pri-sonner;* IN marque aussi privation : *in-tolérance.*

OB — *devant,* marque l'*ob-*stacle, l'*op-*posi-tion.

SUB — *sous, sub-*juguer.

Le *d* de AD se change en *c, f, l, n, p, r, s, t* devant un simple qui commence par une de ces consonnes : *ac-courir, af-fermir, al-lumer, an-noter, ap-porter, ar-rondir, as-surer, at-trouper.*

Le *m* ou le *n* de *com, con* se change en *l, r;*

le *n* de *in* se change en *l, m, r,* et le *b* de *ob* et de *sub* en *c, f, p* devant ces mêmes consonnes (*).

166. — *Doublement des consonnes.*

B se double dans *abbé, rabbin, sabbat* (nous sous-entendons toujours *et les dérivés*). On ne prononce qu'un *b.*

C se double dans les mots qui commencent par *ac, oc, suc* (ad, ob, sub) : *ac-courir, oc-casion, suc-comber ;* excepté *acabit, académie, acariâtre,* etc., *oculaire,* etc.

D se double dans *addition, reddition.*

F se double dans les mots qui commencent par *af, ef, of, dif ;* excepté *éfaufiler, afin.* F se double encore au milieu et à la fin des mots ; excepté *safran, gaufre, tartufe,* etc.

G ne se double que dans *suggérer, agglutiner ;* l'usage est partagé sur *aggraver, agglomérer.*

L se double dans les mots qui commencent par *al, il, col ;* excepté *alarmer, aléne, alerte, aliéner, aligner, aliment, alité, alouette, alourdir, colère, colique, colon,* etc.

L se double encore dans *balle, dalle, galle* (insecte), *malle, salle, intervalle ;* et dans *excel-*

(*) Il y a encore d'autres particules prépositives, telles que

Anté, qui marque *anté*-riorité ;
Anti, qui marque opposition, *anti*-pape ;
Di, dis, di-vision, *dis*-position ;
É, ex, sortie, suppression, *ex*-traire, *é*-brancher ;
Pré, priorité, antériorité, *pré*-dire ;
Re, répétition, *re*-teindre ;
Trans, passage au delà, *trans*-porter.

Nous avons encore les particules démonstratives et locales, *ci* et *là.*

ler, quereller, seller, etc.; et dans *colle, collet,* etc.

M se double 1° dans les mots qui commencent par *com, som* (prononcez le *m*); excepté *comédie, comètes, comestibles, comices;* 2° dans *flamme, gamme, gramme, dommage;* 3° dans la plupart des mots terminés par *omme : gomme, pomme,* etc.

N se double 1° dans les mots commençant par *con : connexion,* etc.; 2° dans les mots terminés en *enne, onne, onner,* excepté *anémone, monotone, amazone, carbone.* On trouve *patrone* et *patronne;* 3° dans *banne, canne, manne;* 4° dans *anneau, année, bannir, bannière, bonnet, ennemi, innocent, monnaie, panneau, tanneur.*

Dans *honneur* et ses dérivés, on met deux *n* devant *e,* et un seul *n* devant *o : honorer,* etc.

P se double dans les mots qui commencent 1° par *ap* (ad), excepté *apaiser, apercevoir, apetisser, apitoyer, aplanir, apathie, apanage* (*); 2° par *op, sup* (ob, sub), quand ces particules sont jointes à un simple commençant par *p,* car les mots en *apo* n'ont qu'un *p;* 3° par *hap, hip, houp, hup;* 4° dans *développer, échapper, frapper, japper, nippe, nappe, grappe, échoppe,* etc.

Q ne se double pas, mais il est précédé de *c* dans *acquérir, acquiescer, acquitter.*

R se double dans les mots commençant 1° par *ar, ir, cor* (ad, in, con), si le simple a un *r* initial : ar-rondir, ir-régulier, cor-rompre, etc.; 2° par *bour, four, nour, pour;* 3° par *fer,*

_____

(*) Autrefois on écrivait *appercevoir, appaiser :* pourquoi avoir borné la réforme à ces mots?

per, ser, ter, ver, où l'*e* se prononce ouvert :
ferrer, perron, etc.; 4° dans ces cinq mots en
*arre : barre, bagarre, bécarre, simarre, tinta-
marre,* et dans *amarrer, bizarrerie, bigarrer,
carrer;* 5° dans ces huit mots en *erre : cimeterre,
équerre, guerre, lierre, pierre, terre, verre;*
6° dans *carrosse, carrière, courroux, courroie,*
— *larron, marraine, parrain, sarrau, arrhes,
embarras,* etc.; 7° dans tous les dérivés de *char :
charrette, charron,* etc., excepté *chariot.* — La
raison réprouve ces exceptions.

s. La prononciation indique quand cette lettre
se double.

т se double dans les mots qui commencent
1° par *at :* excepté *atelier, atome, atours,
atroce,* etc.; 2° dans ces sept mots : *flatter, grat-
ter, chatte, datte* (fruit), *jatte, latte, natte;*
3° dans beaucoup de mots en *otte : grotte, hotte,
carotte, flotte, frotter, botte, motte;* 4° dans
butte, hutte, lutte, goutte, lettre, etc.

CHAPITRE III.

DE LA PRONONCIATION.

167. — *Des voyelles.*

A est nul dans *Saône, taon* et dans *août,* selon
le plus grand nombre. L'usage est partagé sur
aoriste. Des auteurs écrivent *oût.*

AI, dans les verbes, équivaut à l'*é* fermé : je
chantai, je *chanterai.* On distingue ainsi ces
temps du passé simultané et du conditionnel :
je *chantais,* je *chanterais.*

E est nul dans j'*eus, eu* (verbe avoir); il est
euphonique et nul dans *gageure, vergeure;* il

équivaut à l'*a* dans *femme, hennir, solennel* (ne prononcez qu'un *n*), et dans les adverbes en *mment : prudemment* (prononcez *prudament*); il se prononce naturellement ou comme *a*, dans *indemniser, indemnité.*

ı est nul dans *moignon, poignet, poignard* (ce n'est pas l'avis de Wailly). Écrivez *ognon*.

o est nul dans *faon, paon, Laon.*

u se fait sentir dans *inguinal, inextinguible*, et dans les dérivés des mots en *gu : aigu, aiguille,* etc., *ambigu, ambiguité,* etc.

u se prononce *o* dans *rhumb, rhum* ou *rum.*

u se fait sentir dans *équestre, équitation, équilatéral, quintuple, questeur,* etc.; dans les dérivés de *quinque : quinquennal;* dans *liquéfaction* et *liquéfier,* les uns prononcent *liké,* les autres *likué.*

u sonne *ou* dans *lingual, aquatique, équateur, équation, in-quarto, liquation, quadragénaire, quadrupède, quatuor, quadrature* du cercle, *quaterne, quacre,* qu'on écrit aussi *quaker.*

168. — *Des consonnes.*

ʙ final se prononce, excepté dans *plomb.*

c a la valeur de *g* dans *second,* et de *ch* dans *vermicelle,* que l'on peut aussi prononcer comme on l'écrit, aussi bien que *violoncelle.*

c est nul même devant une voyelle à la fin des mots suivans : *estomac, lacs, marc* (poids), *tabac, clerc, échecs* (jeu), *cric, accroc, broc, porc, flanc, jonc, croc, escroc;* il sonne dans *croc-en-jambes,* Marc (nom d'homme), *échec* (perte), de *clerc à maître, porc-épics;* il sonne à la fin des autres mots : *arsenic, avec, choc,* etc.

Le *c* de *donc* sonne en conclusion : je pense,

donc, je suis; et devant une voyelle : venez *donc* ici; il est nul partout ailleurs.

CH est nul dans *almanach*, et se prononce *k* dans *archétype, archonte, archange, anachorète, écho, orchestre, conchyliologie, catéchumène, chœur, chorus, chronologie, archiépiscopat, Christ.*

D se prononce *t* dans *pied-en-cap, fond-en-comble.* De l'adjectif au substantif : *grand homme, froid extrême,* et dans *entend-il,* etc.

D final est nul entre deux mots qui n'ont pas entre eux une liaison intime : Un homme *profond a dit,* etc. Si le *d* final est précédé d'un *r,* le *r* seul s'articule *regard affreux.*

F est nul dans *clef, chef-d'œuvre.* Il se prononce dans *œuf, bœuf, cerf, nerf,* au singulier, excepté dans *bœuf-gras, œuf dur, cerf-volant, nerf de bœuf;* F est encore nul dans le pluriel de ces mots.

G. *Gangrène, bourg* se prononcent *cangrène, bourc.* G est nul dans *signet, faubourg, legs, étang, poing, hareng, seing,* même devant une voyelle; il sonne dans *bourgmestre, joug.* Entre l'adjectif et le nom il se prononce *k : sang épais, long hiver.*

GN s'articule *gue-ne* 1° au commencement des mots *gnome,* etc.; 2° dans *agnat, cognat, diagnostic, inexpugnable, régnicole, igné, ignicole.*

H est aspiré dans *huit* et ses dérivés, excepté en composition : *vingt-huit. H* est aspiré dans *héros,* et ne l'est pas dans ses dérivés, *l'héroïne.* On dit la *Hollande,* et fromage d'*Hollande.*

L est nul dans *baril, chenil, coutil* (on trouve aussi *coutis*), *cul, fenil, fournil, fusil, gril, nombril, outil, persil, pouls, soûl, sourcil.*

IL est mouillé dans *babil, avril, cil, mil* (grain),
péril; ILLE est mouillé, excepté dans *mille, pu-
pille, ville, tranquille, imbécille* (on trouve aussi
imbécile), et dans *scintiller, vaciller.*

IL est mouillé dans *gentil* (païen), et dans
gentil (joli), seulement devant une voyelle, car
devant une consonne *l* est nul.

M est nul dans *damner, condamner, automne;*
on l'articule dans *automnal.* Les deux *m* se font
sentir dans *commotion, commuer, sommité, im-
mortel,* et dans tous les mots de cette analogie;
prononcez donc *im-manquable,* et non *in-man-
quable.*

M se prononce à la fin des mots étrangers :
opium, idem, Amsterdam, etc. *Quidam* se prononce *quidan.*

N. Dans les mots qui commencent par *ann,
inn,* les deux *n* s'articulent, excepté dans *année,
anneau, annonce, innocence.* EN est nasal
dans *enivrer, enorgueillir* (prononcez *an-nivrer*);
ennemi se prononce *énemi.*

EN final se prononce *ène* dans les mots en
men : gramen, abdomen, hymen, qui peut se
prononcer *hymen.* Dans *examen* et *appendice,*
en se prononce *in.*

Le *n* final d'un mot ne se fait sentir sur la
voyelle initiale d'un autre mot que quand les
deux mots sont tellement liés par le sens qu'ils
ne permettent pas la plus légère pause entre eux,
autrement la liaison n'a pas lieu : 1° *certain* auteur, *bon* enfant, *on* est venu ; 2° vin *bon* à boire,
cela est *certain* et indubitable, a-t-on *entendu,*
moisson abondante.

P est nul après une voyelle nasale, excepté
dans ces mots : *rédemption, rédempteur, exemp-*

4.

tion, contempteur, symptôme. On trouve *dompter*, mais *domter* vaut mieux. P est nul dans *corps, sept*, et dans *camp, champ, loup, drap*, même devant une voyelle.

P est nul dans *baptême*; on est libre de le prononcer dans *baptismal* et dans *cep* de vigne ; il sonne dans *cap, julep*.

Q sonne dans *coq* et non dans *coq-d'Inde*.

R final ne s'articule jamais dans les mots en *cher, ger, ier* : *rocher, verger, panier*; excepté dans *cher, fier, hier*. R final sonne partout ailleurs : *amer, fer*, etc. On est divisé sur *Alger*, il vaut mieux faire sentir le *r*.

L'*e* des infinitifs en *er* est un *é* fermé : *aimer à jouer* se prononce *aimé-ra-joué*. La conversation permet l'hiatus : *aimé à joué*.

On fait sentir un peu les deux *r* des mots qui commencent par *er, ir, hor, tor* : *erreur, irrégulier, horreur, torrent* (Wailly); on les articule dans je *courrai*, je *mourrai*, j'*acquerrai*, et non dans je *pourrai*. *Monsieur* se prononce *mossieu*.

S est nul dans *alors, tandis que, Duguesclin*. Il s'articule dans les mots en *us* : *rébus*, etc.; excepté *abus, intrus, obtus, jus, pus, talus*.

S sonne dans *as, atlas, aloès, bis, cacis, cens, gratis, iris, lapis, locatis, maïs, métis, vis, mœurs, ours, en sus*. Tout s'articule dans *laps*. Quant à *os*, on prononce généralement *ó*, quelques-uns disent *óce*, à tort.

S sonne dans *lis* et non dans *fleur de lis*, dans *sens* et non dans *sens commun, bon-sens* (jugement); *s* sonne encore dans *plus que*, et dans *tous* pris substantivement : *tous* le pensent. Le *s* de *fils* s'articule dans le haut style, et non dans la conversation, si ce n'est devant une voyelle.

s se prononce z 1° entre deux voyelles : *maison*, *poison*, etc., excepté dans *vraisemblance*, *parasol*, *préséance*, *monosyllabe*, *présupposer*; 2° dans *Alsace*, *balsamine*, *balsamique*, *transiger* et dérivés; 3° dans la liaison des mots : *aimables enfants*. Cependant, d'après les meilleurs professeurs de diction et d'élocution, au nombre desquels nous comptons MM. Dubroca, et Michelot du Théâtre-Français, on ne prononce pas le *s* des mots *remords*, *univers*, *vers*, *corps*, etc., quand ces mots sont au singulier; le *r* seul se fait sentir.

т final, ordinairement nul, sonne dans *abject*, *correct*, *infect*, *fat*, *mat* (sans éclat), *dot*, *brut*, *chut*, *net*, *lut*, *déficit*, *accessit*; tout s'articule dans *tact*, *exact*, *strict*, *indult*, *rapt*, *toast*, *lest*, vent d'*est* et d'*ouest*, le *Christ*; sт sont nuls dans *Jésus-Christ*. On n'articule que le *c* dans *aspect*, *circonspect*, *suspect*, *distinct*; on n'articule ni *c* ni *t* dans *instinct*, *succinct*. On écrit *rit* ou *rite*, *granit* ou *granite*, même prononciation. *Respect* se prononce *respec* ou *respè*; on est libre de prononcer le *t* dans *opiat*.

т final s'articule généralement dans la liaison des mots; cependant, après *r* le *t* ne se fait pas sentir : *concert agréable*; on excepte l'adverbe *fort* : *fort agréable*. Au pluriel, le *s* final s'articule : *concerts agréables*, des *vers admirables*, des *bords escarpés*.

Prononcez les deux *t* dans *atticisme*, *battologie*, *guttural*. On est libre dans *pittoresque*.

x s'articule dans *borax*, *index*, *préfix*, *lynx*, *sphinx*.

z final ne s'articule que dans *gaz*.

Observation. Dans la liaison des mots, il faut préférer quelques hiatus aux cacophonies causées par la répétition fréquente des *t* et des *s*.

169. — *Prononciation figurée des adjectifs numéraux.*

Ne dites jamais *quatre-z-yeux*.

Cinq chevaux (*cin*); *cinq* hommes, ils étaient *cinq* (*cinque*).

Six chevaux (*si*); *six* hommes (*size*), ils étaient *six* (*sice*).

Sept chevaux (*sè*); *sept* hommes, ils étaient *sept* (*sète*).

Huit chevaux (*hui*); *huit* hommes, ils étaient *huit* (*huite*).

Neuf chevaux (*neu*); *neuf* hommes (*neuv*); *neuf* et demi, ils étaient *neuf* (*neufe*).

Dix chevaux (*di*); *dix* hommes (*dize*); ils étaient *dix* (*dice*), *dix-sept* (*dize*).

Vingt (*vin*); *vingt-deux* (*vinte*; *te* presque nul).

Soixante (*soissante*); *x* vaut *z* dans *sixain*, *sixième*, *dixième*; on écrit *dizaine*. (O sagesse !)

CHAPITRE IV.

DES HOMONYMES.

170. — Les homonymes sont des mots qui ont la même prononciation, ou à peu près, sans avoir la même orthographe. (On appelle homographes les mots qui ont la même orthographe

sans avoir le même sens : *son* de farine, *son* de cloche, etc.; *son*, adjectif possessif.)

A. *Air*, qu'on respire ; *aire*, surface unie; *ère*, époque; *erre*, marche d'un vaisseau, au pluriel TRACES; *haire*, petite chemise de crin ; pauvre *hère*, pauvre diable.

Aléne de cordonnier; *haleine*, souffle.

Amande, fruit; *amende*, condamnation.

Anche de clarinette; *hanche*, partie du corps.

Antre, caverne; *entre*, verbe ou préposition.

Ancre de vaisseau; *encre* pour écrire.

Août, mois; *houx*, arbuste; *houe* du cultivateur; *ou*...

Appas, charmes; *appât*, amorce.

Arrhes d'un marché; *art*, talent, méthode; *hart*, corde à pendre; *are*, mesure agraire.

Au, article composé; *aulx*, pluriel de ail; *eau* à boire; *haut*, élevé; *os* d'animal; *ô, oh! ho!* interjections.

Auspice, présage, protection; *hospice*, hôpital.

Autel d'un temple; *hôtel*, logis.

Auteur d'un ouvrage; *hauteur*, élévation.

B. *Bas*, chaussure, abaissé; *bât* d'un âne; *bah!*

Bal où l'on danse; *balle* à jouer, pellicule d'avoine.

Balai pour balayer; *ballet*, danse.

Bon, de bonté; *bond*, saut, de bondir.

Bonace, calme de mer; *bonasse*, sans malice, niais.

Brocart, étoffe; *brocard*, raillerie.

But, où l'on vise; *butte*, éminence; *bute*, instrument pour couper la corne des chevaux.

C. *Cahot* de voiture; *chaos*, confusion.

Camp d'armée; *quand*, conjonction; *quant à*, préposition.

Cartier, fabricant de cartes ; *quartier*, partie.

Cène, dernier repas de Jésus-Christ ; *scène*, action théâtrale ; *saine*, féminin de *sain* ; *Seine*, fleuve.

Ceint, du verbe *ceindre* ; *cinq*, nombre ; *sain*, en santé ; *saint*, de sainteté ; *sein*, cœur ; *seing*, signature.

Celle, pronom démonstratif ; *sel*, pour saler ; *selle* de cheval.

Cellier au vin ; *sellier*, qui fait des selles.

Cent, adjectif numéral ; *sang* des veines ; *sans*, préposition ; *sens*, jugement ; *cens*, dénombrement ; *s'en* pour SE EN.

Cerf, bête fauve ; *serf*, esclave (de servitude).

Chaîne, lien de métal ; *chêne*, arbre.

Chair, viande ; *chaire* à prêcher ; *cher*, *chère*.

Champ de blé ; *chant*, de la voix.

Chaud, de chaleur ; *chaux*, pour bâtir.

Chœur, chant ; *cœur*, sein, etc.

Comte, titre ; *compte*, calcul ; *conte*, récit.

Cor, durillon, instrument ; *corps* de l'homme.

Cou, partie du corps ; *coup* que l'on frappe ; *coût* d'un acte ; *coud*, du verbe coudre.

Cour de maison ; *cours*, de course ; *court*, peu long.

Cygne, oiseau aquatique ; *signe*, marque.

D. *Date*, époque ; *datte*, fruit.

Dessein, projet ; *dessin*, art.

Don, présent ; *dont*, pronom ; *donc*, conjonction.

E. *Écho*, qui répète la voix ; *écot*, dépense.

Enter un arbre ; *hanter*, fréquenter.

Étaim, laine fine ; *étain*, métal ; *éteint*, verbe.

Être, verbe ; *hêtre*, arbre.

F. *Faim*, besoin ; *fin*, de finir ; *feint*, de feindre.

Fait, action ; *faix*, charge.

Fête, jour solennel ; *faite*, sommet.

Foi, croyance, fidélité ; *foie*, viscère ; *fois*, pour le nombre des actions ; *fouet*, pour frapper.

Fond, profondeur ; *fonds*, propriété ; *fonts* de baptême ; *font*, 3ᵉ personne du verbe FAIRE.

G. *Gai*, joyeux ; *gué* de rivière ; *guet*, garde.

Guerre, combats ; *guère*, peu.

Geai, oiseau ; *jais*, minéral noir ; *jet*, de jeter.

H. *Hâle*, sécheresse ; *halle* au blé.

Héraut, officier public ; *héros*, guerrier.

L. *Lacs*, lacet ; *las*, fatigué ; *là, la...*

Laid, vilain ; *laie*, femelle du sanglier ; *lait* des vaches ; *legs*, donation ; *lai*, poésie ; *lé* d'étoffe ; *les*, article.

Lire un livre ; *lyre*, instrument de musique.

Lut, enduit ; *lutte*, combat ; *luth*, instrument de musique.

M. *Mai*, mois ; *mais*, conjonction ; *mes*, adjectif possessif ; *mets*, aliment ; *met*, verbe.

Maire, dignité ; *mer*, amas d'eau ; *mère* d'enfant.

Mal, douleur ; *malle*, meuble (*mâle*).

Mettre, verbe ; *mètre*, mesure (*maître*).

Mors de bride ; *mort*, trépas ; *Maure* ou *More*, Africain.

P. *Pain* à manger ; *pin*, arbre ; *peint*, verbe.

Pair, dignité ; *paire*, deux ; *père* d'enfant.

Paix, tranquillité ; *paie*, solde.

Peau d'un animal ; *pot*, vase.

Pan d'un vêtement ; *paon*, oiseau.

Pause, temps d'arrêt ; *pose*, de poser.

Penser, réfléchir ; *panser*, soigner.

Plaine, campagne ; *pleine*, remplie.

Plan, dessin ; *plant*, de planter.

Poids, pesanteur ; *pois*, légume ; *poix*, résine.

Poing, main fermée ; *point*, piqûre, etc.

Porc, cochon ; *port* de mer ; *pore* de la peau.

R. *Raie*, barre, poisson ; *rais* de roue ; *rets*, filet.

Raisonner, réfléchir ; *résonner*, rendre le son.

Rênes, pour guider un char ; *reine*, femme du roi ; *renne*, quadrupède ; *raine*, espèce de grenouille.

S. *Salle*, grand appartement ; *sale*, mal-propre.

Satire, poème mordant ; *satyre*, divinité champêtre.

Saut, de sauter ; *sceau*, grand cachet ; *seau*, pour l'eau ; *sot*, sans esprit.

Sceller, cacheter ; *seller* un cheval ; *céler*, cacher.

Serein, calme et pur ; *serin*, oiseau.

Soûl, rassasié ; *sou*, monnaie ; *sous*, préposition.

Statue, figure, etc.; *statut*, règlement.

T. *Teint*, éclat du visage ; *thym*, plante.

Tan pour tanner ; *tant*, adverbe ; *temps*, durée.

Tante, femme de l'oncle ; *tente*, pavillon.

Taon, mouche ; *thon*, poisson ; *ton* de musique.

Toue, bateau ; *tout*, entier ; *toux*, rhume.

Tribu, partie d'un peuple ; *tribut*, impôt.

V. *Vain*, vaniteux ; *vin* à boire ; *vingt*, adjectif numéral ; *vint* du verbe venir.

Van pour le blé ; *vent*, souffle.

Verre à bouteille, à vitre ; *ver*, insecte ; *vers* de poésie, préposition ; *vert*, couleur ; *vair*, fourrure.

Vice, grand défaut ; *vis* qui serre.

Voie, chemin, moyen ; *voix*, parole.

CHAPITRE V.

EMPLOI DES SIGNES ORTHOGRAPHIQUES.

171. — *Des accents.*

1. E ne prend pas d'accent devant *x*.

2. E prend l'accent grave devant une syllabe muette finale : *comète, règne, funèbre* ; les mots en *ége* prennent l'accent aigu : *piége, collège.*

3. L'accent varie selon la prononciation : *extrême,* extrémité ; *poëme,* poésie.

4. On met un accent grave sur les adverbes *çà, là, déjà.* On met cet accent sur *où,* pronom conjonctif, et non sur *ou,* conjonction ; on le met sur *dès,* préposition, et non sur *des,* article composé ; sur *à,* préposition, et non sur *a,* troisième personne du verbe *avoir.*

5. On met un accent circonflexe sur *dû, tû,* participes passifs des verbes *devoir, taire,* seulement au masculin singulier : on n'en met point sur *du,* article composé ; *tu,* pronom personnel.

On met cet accent sur *crû, crûe,* participe du verbe *croître,* et non sur *cru, crue,* participe de *croire.*

6. On met l'accent circonflexe sur *bâiller, châsse,* pour les distinguer de *bailler, chasse.*

7. On met cet accent sur l'*u* de *mûr,* en maturité, et de *sûr,* certain ; on ne le met pas sur l'*u* de *mur,* ouvrage de maçonnerie, ni de *sur,* préposition.

172. — *De l'apostrophe.*

1. *a* ne se retranche que dans *la : l'ame.*

2. i se retranche dans *si*, devant *il*, *ils*.

3. L'*e* muet de tous les monosyllabes, *je*, *me*, *te*, *se*, *que*, etc., se retranche devant une voyelle.

4. L'*e* de *jusque* se retranche : *jusqu'ici*. On élide celui de *quoique*, *puisque*, *lorsque* devant *il*, *elle*, *on*, *un*; celui de *quelque* devant *un*, *autre*; celui de *presque* dans *presqu'île* seulement.

5. L'*e* muet de *entre* s'élide dans les composés *entr'acte*, *entr'aider*; quelques grammairiens permettent l'élision dans *entr'eux*, *entr'elles*, *entr'autres*; il est mieux de mettre *entre eux*, etc.

6. L'*e* de *grande* s'élide dans les mots composés *grand'mère*, *grand'rue*, *grand'tante*, *grand'messe*; cela fait *grand'pitié*, *grand'peine*, *grand'honte*; j'ai *grand'faim*, *grand'soif*, pas *grand'chose*, etc. Une *grande rue* et la *grand'rue*, une *grande messe* et la *grand'messe* sont des choses différentes.

7. L'élision n'a pas lieu dans *le un* (le n° un); *de onze* qu'ils étaient, il n'en est resté *que huit*; la *onzième* semaine; *ce oui*, je crois que *oui*, *ce onze*; on permet *l'onzième* avec élision en poésie.

8. Après un impératif, *le*, *la* s'articulent sans élision : conduis-*le* à Paris, ramène-*la* ici.

9. L'élision n'a pas lieu non plus devant un mot pris matériellement, comme *mot* : croyez-vous *que* AGAMENNON n'est pas plus harmonieux que Clodwich ? *l'a* de AMOUR est bref.

173. — *Du trait d'union.*

Le trait d'union se met 1° entre les parties des noms et des adjectifs composés : *chef-d'œuvre*, *tête-à-tête*, *nouveau-né*, *ivre-mort*.

2°. Entre les éléments de certaines locutions conjonctives ou adverbiales : *c'est-à-dire*, *tout-à-coup*, *sur-le-champ ;* cela devrait être général.

3°. Entre le verbe et les pronoms *ce*, *on*, et les pronoms personnels sujets ou régimes, quand le verbe précède : est-*ce* lui ? que dit-*on* ? prenez-*en*, iras-*tu*, donnez-*le-lui*, etc.

4°. Entre les pronoms personnels et l'adjectif *même :* moi-*même*, nous-*mêmes*, etc.

5°. Entre les particules *ci* et *là* et le mot qu'elles accompagnent : *ci*-dessus, *là*-haut, ce temps-*ci*.

6°. Entre les adjectifs numéraux qui expriment un nombre décennaire : *soixante-dix*, *quatre-vingts*, et entre ceux qui font partie d'une série décadaire, *trente-deux*, *quarante-cinq*, *soixante-dix-sept ;* mais on écrit *mille deux cent quarante*, *cent quatre ;* MILLE et CENT expriment des collections complètes. Le meilleur serait de mettre le tiret entre tous les mots qui expriment un nombre.

OBSERVATION. De grands auteurs et des imprimeurs lettrés suppriment le tiret après l'adverbe *très ;* cela est fondé en raison : Voltaire a dit : *très* à propos ; Racine : *très* en peine , phrases où le tiret serait déplacé ; il n'est donc pas indispensable ailleurs.

174. — *Du tréma.*

L'emploi du tréma est fautif quand on peut le remplacer par un accent ; écrivez *poëme*, *poésie*, *plébéien*, et non *poëme*, *plébéïen*. Il faut le tréma et non l'*y* dans *païen*, *faïence*.

Le *h* entre deux voyelles équivaut au tréma : *cohue*, *souhait*, *trahir*.

175. — *Des majuscules.*

On appelle majuscules des lettres plus grandes que les autres et qui ont quelquefois une forme différente : A, B sont des majuscules, *a*, *b*, des minuscules.

Les majuscules contribuent à la clarté. On commence par une majuscule, 1° tous les noms propres d'hommes, de pays, de villes, de rivières, et les noms de peuples :

La Seine a ses Bourbons, le Tibre a ses Césars. (BOIL.)
Jamais on ne vaincra les Romains que dans Rome. (COR.)

Cependant les noms de peuples, employés adjectivement, s'écrivent sans majuscule : les soldats *romains*, le peuple *français*.

2°. Les substantifs et les adjectifs composant un nom propre : *Mer-Rouge*, *Pays-Bas*, *Louis-le-Grand*.

3°. Les noms d'êtres moraux personnifiés :

La sombre *Jalousie*, au front pâle et livide,
Suit d'un pas chancelant le *Soupçon* qui la guide. (VOLT.)

4°. Les noms de la Divinité : *Dieu*, le *Créateur*, le *Tout-Puissant*, l'*Éternel*; néanmoins le mot *dieu* s'écrit sans majuscule après un article ou un équivalent : le *dieu* de Jacob.

5°. Les noms de sociétés, de corporations, de sectes : le *Parlement*, l'*Institut*, les *Protestants*.

6°. Les noms des points cardinaux, des cercles de la sphère : le *Nord*, le *Sud*, l'*Équateur*, etc.

7°. Les mots en apostrophe :

Répondez, *Cieux* et *Mers*; et vous, *Terre*, parlez. (L. R.)

8°. Les noms d'ouvrages : le *Télémaque*, le *Siècle* de Louis XIV.

9°. Le nom de la science ou de l'art dont traite un ouvrage : nous étudions la *Grammaire*.

SUPPLÉMENT AU CHAPITRE Ier

DE LA PREMIÈRE PARTIE.

176. — Bien qu'il y ait pluralité dans l'idée, on écrit, sans le signe du pluriel, 1° les mots et les locutions employés accidentellement comme substantifs : les *si*, les *pourquoi*, les *on dit*;

2°. Les noms des chiffres, des notes de musique : trois *un*, deux *huit*; les *ré*, les *ut*. Cependant les *zéros* prend *s*;

3°. Les noms d'ouvrages, deux *Histoire* de Charles XII (*), par Voltaire; une douzaine de *Télémaque*; mais on dirait les deux *Énéides*, celle de Delille et celle de Barthélemy;

177.—4°. Les noms propres, quand ils désignent réellement les personnes qui les ont portés : l'Espagne s'honore d'avoir vu naître les *deux Sénèque* (Rayn.); les *deux Caton* (J.-J. Rousseau); les *deux Corneille* (Voltaire). Les auteurs ont tantôt observé, tantôt violé cette règle; mais il faut l'observer, car le *s* change l'orthographe du nom propre : il y a des *Lévi* et des *Lévis*, des *Villar* et des *Villars*.

Cependant, les noms de dynasties, ceux de certaines familles où il y a succession d'illustration prennent le signe du pluriel : les *Bourbons*,

(*) Cette règle tient à une idéologie profonde; elle est juste, mais elle n'est pas généralement adoptée avec un nom commun.

les *Césars*, les *Stuarts*, les *Condés*, les *Guises*, les *Scipions*, etc.

Quelquefois on met l'article pluriel par emphase devant le nom d'un seul individu : les *Molière*, les *Boileau*, les *Voltaire*, les *Turenne*.

Le substantif propre prend le signe du pluriel quand il désigne non la personne qui l'a porté, mais ceux qui lui ressemblent : la France a eu ses *Catons*, ses *Césars*, ses *Homères*, etc. C'est un trope, une figure appelée *antonomase*.

Enfin, par une autre figure appelée métonymie, on écrit des *Boileaux*, des *Virgiles*, pour *des œuvres* de Boileau, de Virgile.

178. — Le pluriel des noms tirés des langues étrangères offre des difficultés : l'usage capricieux met le signe du pluriel à *débets*, *opéras*, *factums*, *impromptus*, *numéros*, *placets*, *récépissés*, *duos*, *trios*, *quatuors*, *pianos*, etc.; il est partagé sur *accessit*, *alinéa*, *aparté*, *déficit*, auxquels il donne cependant l'accent français, le signe de prononciation ; il refuse le signe du pluriel à *imbroglio*, *duplicata*, *avé*, *pater*, *te-deum*, *mezzo-termine*, *auto-da-fé*.

Les grammairiens judicieux seraient d'avis d'écrire à la française les noms simples, et de ne laisser invariables que les composés : *te-deum*, *post-scriptum*, etc.

On écrit un *dilettante*, un *cicerone*, un *carbonaro*, et des *dilettanti*, des *carbonari*, etc.

Orthographe des substantifs composés.

179. — Les substantifs composés sont ceux qui sont formés de plusieurs mots séparés par des tirets.

180. — PRINCIPE. Tout substantif composé

doit s'écrire au singulier et au pluriel selon la nature et le sens des mots partiels.

Dans les substantifs composés, les seuls mots variables sont le substantif et l'adjectif; il faut donc décomposer l'expression, et donner aux mots variables le nombre que le sens réclame.

181. — *Mots composés de deux substantifs.*

Un chef-lieu.	Des chefs-lieux.
Un chou-fleur.	Des choux-fleurs.

Ce sont des *lieux* qui sont chefs, des *choux* qui sont *fleurs*. Mais on écrira des *Hôtels-Dieu*, un *porc-épics*, des *bains-Marie*, un ou des *brèche-dents*; on trouve des *bec-figue* ou *bec-figues*. On peut écrire maintenant *chèvrefeuille* (Boiste).

182. — *Mots composés d'un substantif et d'un adjectif.*

Un coffre-fort.	Des coffres-forts.
Une basse-taille.	Des basses-tailles.

Mais on écrit des *blanc-seings* (signatures sur papier blanc). Les mots *pie-grièche*, *loup-garou*, *loup-cervier*, *chat-huant* varient dans leurs deux éléments.

183. — *Mots composés de deux substantifs unis par une préposition.*

Un chef-d'œuvre.	Des chefs-d'œuvre.
Un arc-en-ciel.	Des arcs-en-ciel.

Mais on écrira des *tête-à-tête*, des *coq-à-l'âne*, des *pied-à-terre*. Dans un *croc-en-jambes*, un *pot-au-feu*, l'*eau-de-vie*, le premier substantif varie au pluriel.

184. — *Mots composés d'un verbe et d'un nom.*

Un ou des *cure-dents*.	Un ou des *rabat-joie*.
Un ou des *gobe-mouches*.	Un ou des *abat-vent*.
Un ou des *casse-noisettes*.	Un ou des *casse-croûte*.
Un ou des *tire-bottes*.	Un ou des *tire-bouchon*.
Un ou des *essuie-mains*.	Un ou des *crève-cœur*.

On écrit encore des *serre-tête*, des *réveille-matin*. On est partagé sur *passe-port, porte-drapeau, serre-file*, c'est-à-dire que le nom peut varier.

185. — *Mots composés d'une préposition ou d'un adverbe et d'un nom.*

Un *avant-coureur*.	Des *avant-coureurs*.
Une *arrière-boutique*.	Des *arrière-boutiques*.
Un *contre-coup*.	Des *contre-coups*.
Un *quasi-délit*.	Des *quasi-délits*.

Mais on écrit des *contre-poison*, des *entre-sol*; des remèdes *contre le poison*, etc.

186.— *Mots composés d'éléments invariables.*

Un ou des *passe-partout*.	Un ou des *pour-boire*.
Un ou des *ouï-dire*.	Un ou des *passe-debout*.

187. — *Remarques.* 1°. On écrit des *gardes-champêtres*, des *gardes-malades*, parce qu'ici le mot *garde* est substantif; on écrit des *garde-manger*, un ou des *garde-fous*, parce qu'ici le mot *garde* est verbe. 2°. On écrit un *cent-Suisses*, un *Quinze-Vingts* (un des), un *mille-pieds*.

Ni les écrivains, ni les grammairiens, ni l'Académie n'étant d'accord sur l'application de ces principes, il serait plus rationnel de contracter ces expressions en un seul mot, comme on l'a fait pour *portefeuille, gendarme*, etc.

Substantifs des deux genres.

188. — Les substantifs n'ont ordinairement qu'un genre, plusieurs cependant font exception.

AIGLE, oiseau de proie, est masculin, à moins qu'il ne désigne précisément la femelle. Au figuré, homme de génie. AIGLE, constellation, est féminin, ainsi que dans le sens d'enseignes, drapeaux.

AMOUR, dans le sens d'attachement d'un sexe pour l'autre, est féminin au pluriel et masculin au singulier : mes *premières amours*, mon *dernier amour*. Les poètes le font masculin ou féminin, selon le besoin.

COUPLE est masculin quand il désigne deux êtres unis par une cause quelconque, et produisant ou devant produire ensemble un certain effet : *un couple* d'heureux époux, un *couple* d'amis (*La Font.*). Le *couple* monstrueux (les deux serpents qui tuèrent Laocoon, *Delille*). Un *couple* de chevaux de trait ; un *couple* de pigeons (le mâle et la femelle). Mais COUPLE est féminin quand il désigne seulement le nombre *deux* : une *couple* de pigeons, une *couple* d'œufs, etc. La *paire* indique deux choses qui vont ensemble par une nécessité d'usage.

DÉLICE, masculin au singulier, est féminin au pluriel : l'étude est *un* délice ; j'en fais mes plus *chères* délices.

ENFANT, ordinairement masculin, est féminin quand on l'applique à une petite fille, à une personne du sexe.

EXEMPLE est féminin dans le sens de modèle d'écriture ; il est masculin dans tout autre sens.

FOUDRE, décharge d'électricité annoncée par le tonnerre, est féminin, et quelquefois masculin dans le haut style : le *foudre vengeur*. Au figuré, *foudre* est toujours masculin : les *foudres impuissants* de Rome ; cet homme est *un foudre* d'éloquence.

GENS. La syntaxe de ce mot est très compliquée. On dit *tous* les *braves* gens, *toutes* les *bonnes* gens sont-ils heureux? 1°. Les adjectifs indéfinis *tous, quels, maints, certains* ne varient devant le mot *gens* que lorsqu'ils précèdent un adjectif qui a une terminaison différente pour les deux genres ; 2° les adjectifs qualificatifs qui ont deux formes pour les deux genres prennent la forme féminine quand ils précèdent le mot *gens* ; 3° les adjectifs et les pronoms qui viennent après le mot *gens* se mettent au masculin.

Dans le sens vague, on dit : *maintes gens, quelles gens, certaines gens* le pensent ; mais quand *gens* est suivi de mots déterminants, qui lui donnent le sens du mot *homme,* on dit : *maints gens* de loi, *certains gens* d'affaire, *tous ces gens* de lettres, etc. Enfin on dit *tous* les gens sensés, et, de plus, *certains* jeunes gens, les *bons* jeunes gens ; *quels* sont ces gens, *tels* sont ces gens-là.

Orgue, masculin au singulier, est féminin au pluriel : un *bel orgue,* de *belles* orgues.

QUELQUE CHOSE est masculin dans le sens de *une chose quelconque,* et féminin dans le sens de *quelle que soit la chose* : j'ai lu *quelque chose* qui m'a paru *bon; quelque chose* qu'il m'a dit m'a choqué, et *quelque chose* qu'il m'ait *dite* ensuite, je ne l'ai pas écouté. AUTRE CHOSE est également masculin dans le sens vague : quelque chose est promis, *autre chose* est offert.

Il y a beaucoup d'autres substantifs des deux genres, soit avec la même acception, soit avec des acceptions différentes ; tels sont *aide, fourbe, garde, guide, hymne, livre, manche, manœuvre, mémoire, mode, mousse, office, œuvre, orge, pendule, parallèle, période, poste, solde, somme, souris, tour, trompette, vague, vase, voile,* etc.

TROISIÈME PARTIE.

ABRÉGÉ DE SYNTAXE,

CONCERNANT

L'ORTHOGRAPHE RELATIVE OU DE PRINCIPES.

189. — *Nombre du substantif après une préposition.*

Les os de *poisson*, broyés avec l'écorce des arbres, servent de nourriture aux Lapons. (REGNARD.)

Un renard avait mis par rangées des têtes de *poissons* près de la cabane d'un pêcheur. (BUFFON.)

Quand le nom qui suit la préposition *de* ne sert qu'à spécifier la nature du premier substantif, il se met au singulier ; si l'idée de pluralité se joint à l'idée déterminative, le substantif se met au pluriel. Étudiez les exemples suivants :

L'occasion de faire le mal se trouve cent fois *par jour*. (VOLTAIRE.)

L'alouette s'élève *par reprises*. (BUFFON.)

L'abeille vole de fleur *en* fleur. (VOLTAIRE.)

Sous le tropique, les perroquets et les tourterelles voyagent d'*îles en îles*. (BERNARD. DE SAINT-PIERRE.)

190. — *Emploi irrégulier de l'article.*

Les père et mère de cet enfant.
Les président et juges du tribunal civil.

Il n'y a qu'un père, qu'une mère, qu'un président, et cependant l'article est pluriel. C'est une dérogation au principe, consacrée par un usage vicieux : on peut bien dire *le père* et *la mère*. Cette observation s'étend aux adjectifs déterminatifs *mes, tes, ses, ces*.

Tes père et mère honoreras afin que tu vives longuement.

191. — *Emploi de l'article partitif.*

Il est, n'en doutez point, *des* guerres légitimes,
Et tous les grands exploits ne sont pas *de* grands crimes.
(VOLTAIRE.)

Dans le sens partitif, on met *de* et non *des* devant un nom précédé d'un adjectif; ce nom n'en prend pas moins le signe de la pluralité, si ce nombre est indiqué par la pensée.

Accord des adjectifs qualificatifs.

Une *demi-heure*, les *demi-dieux, demi-morts*.
Une livre et *demie*, quatre livres et *demie*.

192. — Nous avons dit, au n° 44, que l'adjectif prend le genre et le nombre du substantif auquel il se rapporte. Nous voyons ici que l'adjectif *demi*, placé devant un nom ou un autre adjectif, s'y joint par un tiret et reste invariable ; placé après le nom, *demi* s'accorde en genre, mais il ne peut avoir de pluriel. Cependant on dit : cette pendule ne sonne pas les *demies, demie* est alors substantif.

Il va *nu-pieds, nu-jambes, nu-tête*.
Il va les pieds *nus*, la tête *nue*.

193. — L'adjectif *nu*, placé devant un nom qui désigne une partie du corps, est invariable ; après le nom, l'adjectif *nu* s'accorde en genre et en nombre.

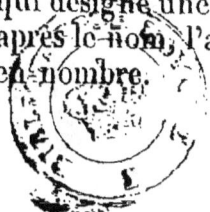

Feu la reine, *feu* ma mère.
La *feue* reine, ma *feue* mère.

194. — L'adjectif *feu* ne s'accorde avec le substantif que quand il le précède immédiatement.

Le riche et l'indigent, l'imprudent et le sage,
Sujets à même loi, subissent même sort. (J.-B. Rous.)

195. — On voit par cet exemple que l'adjectif qui se rapporte à plusieurs substantifs singuliers se met au pluriel.

Les Samoièdes se nourrissent de chair *ou* de poisson *crus.*   (Buffon.)

Quel est le père de famille qui ne gémirait de voir son fils *ou* sa fille *perdue* pour la société.   (Voltaire.)

196. — Quand les noms sont séparés par *ou,* l'adjectif s'accorde avec les deux noms, s'il les qualifie simultanément ; mais s'il y a séparation, si *ou* donne exclusion aux autres substantifs, l'adjectif s'accorde seulement avec le dernier ; c'est le cas le plus commun.

L'orgueil aveugle se suppose une grandeur et un mérite *démesurés.*   (Ségur.)

Ils évitent les mots et les actions *défendues.* (Volt.)

197. — Quand les substantifs sont de différent genre, on met l'adjectif au pluriel masculin. Cependant, avec des noms de choses inanimées, on peut faire accorder l'adjectif seulement avec le dernier substantif.

Des cheveux *châtains,* des cheveux *châtain-clair.* (Ac.)
Des étoffes *bleu-clair,* des étoffes *bleues claires.*

198. — *Châtains* est adjectif, *châtain-clair* est un substantif composé qui désigne le nom d'une couleur, de là point d'accord. Des étoffes *bleu-clair* sont des étoffes d'un *bleu* qui est *clair ;*

des étoffes *bleues claires* sont des étoffes de couleur *bleue*, mais dont le tissu est *clair*.

> Nous nous tenions *ferme*. (FÉNÉLON.)
> Vous les hachez *menu* comme chair à pâté. (MOLIÈRE.)

199. — Les adjectifs *ferme* et *menu* étant employés adverbialement restent invariables.

> Vos lettres sont maintenant *clair-semées*. (RACINE.)
> Légère et *court-vêtue*, elle allait à grands pas. (LA FONT.)

200. — Dans les adjectifs composés, si le premier qualificatif est employé adverbialement, il est invariable. Voici les principaux adjectifs composés :

Masc. sing.	*Masc. plur.*	*Féminin.*
Mort-né.	Morts-nés.	Mort-née.
Sourd-muet.	Sourds-muets.	Sourde-muette.
Aigre-doux.	Aigre-doux.	Aigre-douce.
Tout-puissant.	Tout-puissants.	Toute-puissante.
Premier-né.	Premiers-nés.	*Sans féminin.*
Ivre-mort.	Ivres-morts.	Ivre-morte.
Nouveau-né.	Nouveau-nés.	*Sans féminin.*

> Les langues *anglaise* et *italienne*. (CHAT. THOM.)
> Aux *douzième* et *treizième* siècles. (GUIZOT.)

201. — Il n'y a qu'une langue anglaise, qu'un douzième siècle, voilà pourquoi les adjectifs, dans ces phrases, restent au singulier, quoique joints à des noms pluriels. Il vaut mieux dire : la langue *anglaise* et l'*italienne*, etc.

202. — Ces enfants aiment leur mère (ils sont frères). S'ils n'étaient pas frères, on mettrait *leurs mères* au pluriel.

Cette observation suffit pour faire sentir le cas où le pluriel doit être préféré au singulier, *leurs* à *leur*.

Adjectifs numéraux et indéfinis.

Boileau vécut près de *qua-tre-vingts* ans; Voltaire près de *quatre-vingt-dix*; il en a passé environ *quatre vingts* à écrire.

Trois cent six Fabius se sacrifièrent pour la patrie; il en périt environ *trois cents*; c'étaient *trois cents* héros.

203. — *Vingt* et *cent*, multipliés par un autre nombre, prennent *s*, excepté seulement quand ils sont suivis d'un autre adjectif numéral. Cependant on écrira sans le signe du pluriel : chapitre *quatre-vingt*, page *deux cent*, parce que le nombre cardinal est mis pour l'ordinal : *quatre-vingtième*, etc.

En *mil* sept cent onze, à quelques *milles* de Naples, on découvrit les ruines de Pompéia et d'Herculanum, villes qui avaient été englouties par une éruption du Vésuve, l'an *quatre mille cinquante-neuf* de la création : cette éruption fit périr plus de *quatre mille* personnes.

204. — On écrit *mil* seulement pour le millésime de l'ère chrétienne. *Mille*, adjectif numéral, est invariable. *Mille*, mesure itinéraire de mille pas, prend *s* au pluriel. Les substantifs *million*, *milliard*, etc., varient au pluriel.

Les Romains n'ont vaincu les Grecs que par les Grecs mêmes.   (MABLY.)

205. — Après un nom pluriel, *même* est adjectif et prend *s*, s'il marque l'identité, s'il ne fait qu'appuyer avec plus de force le substantif qu'il précède ; mais dans la phrase suivante : Le monde n'est point incorruptible, les dieux *même* ne le sont pas (Montesquieu), *même* est invariable ; il signifie et *de plus*, et *aussi*, *mêmement*.

Après les pronoms personnels *nous*, *vous*, *même* prend *s* : nous-*mêmes*, vous-*mêmes* ; cependant, si *vous* est mis pour *toi*, *nous* pour *moi*, *même* reste au singulier : Monsieur, venez vous-*même*, etc.

C'est là ce qui fait peur aux esprits de ce temps,
Qui, *tout* blancs au dehors, sont *tout* noirs au dedans.(Boil.)

206. — *Tout*, devant un adjectif seul, est adverbe et invariable, excepté cependant devant un adjectif féminin qui commence par une consonne. Ainsi l'a décidé l'usage pour la satisfaction de l'oreille : Cette femme est *toute* belle, *tout* aimable.

Mais, *quelques* vains lauriers que promette la guerre,
On peut être héros sans ravager la terre.   (Boileau.)
Quelque méchants que soient les hommes, ils n'osent paraître ennemis de la vertu.   (La Rochefoucauld.)
Quels que soient les humains, il faut vivre avec eux.
                                          (Gresset.)

207. — 1°. *Quelque*, devant un nom seul ou précédé d'un adjectif, est lui-même adjectif, et s'accorde en nombre avec ce nom ; 2° *quelque*, devant un adjectif seul, est adverbe et invariable ; 3° *quel que*, devant le verbe *être*, s'écrit en deux mots, et *quel* s'accorde en genre et en nombre avec le sujet du verbe : *Quelle* que soit votre prudence, vous en manquerez quelquefois.

Quoi ! *vous êtes dévot*, et vous vous emportez ! (Mol.)
Il *nous a déshonoré*.   (Id.)

208. — Lorsque *vous* et *nous* ne désignent qu'une seule personne, l'adjectif qui se rapporte à ces pronoms se met au singulier. Nous l'avons déjà vu pour l'adjectif *même*.

5.

On n'est pas toujours jeune et *jolie*. (ACADÉMIE.)
Ici *l'on* est *égaux*. (Inscription pour un cimetière.)

209. — *On* ou *l'on* est ordinairement masculin ; cependant il peut être suivi d'un féminin, s'il a un rapport bien précis à une personne du sexe, et d'un pluriel, s'il renferme l'idée de plusieurs individus.

On dit de même avec *quiconque*, en parlant à des dames : *quiconque* de vous sera assez *hardie*.

Accord du verbe avec son sujet.

210. — Nous avons déjà vu, dans les conjugaisons, que le verbe s'accorde avec les pronoms *je, tu, il* ou *elle, nous, vous, ils* ou *elles*, sujets ordinaires des verbes : puisque le *pronom* tient la place d'un *nom*, il suit de là que tout substantif remplacé par les mots *il, elle, ils, elles, qui*, indique aussi bien la 3ᵉ personne que ces pronoms.

Patience et succès *marchent* toujours ensemble.
Ni l'or, ni la grandeur ne nous *rendent* heureux. (LA F.)

211. — Tout verbe qui a pour sujet deux ou plusieurs substantifs singuliers se met au pluriel. Cependant, lorsque les substantifs ont entre eux une certaine synonymie, le verbe se met au singulier :

Son courage, son intrépidité *étonne*. (DOMERGUE.)

REMARQUE. Après *l'un* et *l'autre*, ni *l'un* ni *l'autre*, les auteurs ont employé tantôt le singulier, tantôt le pluriel ; ce dernier nombre nous paraît préférable.

Où ton sang ou le mien *lavera* cette injure. (VOLT.)

212. — Une seule chose lavera cette injure.
Quand la conjonction *ou* donne l'exclusion à
l'un des sujets, le verbe se met généralement
au singulier.

Plus d'un Mathieu Garo *s'érige* en novateur. (DELILLE.)

213. — Après *plus d'un*, le verbe se met au
singulier.

Accord avec les collectifs.

214. — Les collectifs sont des noms qui,
quoique au singulier, présentent à l'esprit l'idée
de plusieurs personnes ou de plusieurs choses.
Ils sont *partitifs* s'ils représentent une collec-
tion partielle : *une troupe* de sauvages, *une
foule* de pauvres, *une centaine* de soldats, etc. ;
ils sont *généraux* s'ils représentent une collec-
tion entière, totale : *la foule* des pauvres, *la
troupe* de comédiens, etc.

On a osé mettre en question si le *grand nombre* des
hommes *peut* être nuisible à un État. (FÉNÉLON.)

Une *troupe* de nymphes *nageaient* derrière le char. (ID.)

215. — En général, après un collectif suivi
d'un nom pluriel, le verbe s'accorde avec le
collectif s'il est général, et avec le nom pluriel
si le collectif est partitif.

Après *la plupart* on met toujours le pluriel :
la plupart le pensent.

Les animaux ont-*ils* des universités ?   (BOILEAU.)
Quand on donne des conseils, que ne donne-*t*-on aussi la
sagesse d'en profiter ?   (LA ROCHEFOUCAULD.)
Comment vous *retrouvé-je* en ces lieux écartés ? (VOLT.)

216. — 1°. Quand on interroge, le pronom

sujet se met après le verbe et s'y joint par un tiret ; 2° si le verbe finit par une voyelle, on ajoute un *t* euphonique entre deux tirets devant *il*, *elle*, *on* : viendra-t-elle, etc. ; 3° dans l'interrogation, l'*e* muet de la 1re personne devient *é* fermé et prend l'accent devant *je*.

Accord des participes.

217. — On distingue deux participes, le *présent* et le *passif*. Le participe présent marque une action faite par le mot qu'il qualifie ; il est toujours terminé en *ant* et est invariable : un homme *lisant*, des femmes *lisant* bien.

218. — Il ne faut pas confondre le participe présent avec *l'adjectif verbal*. Les adjectifs verbaux, également terminés par *ant*, sont des mots qui expriment une situation, une disposition habituelle à agir plutôt qu'une action.

Point d'importuns laquais *épiant* nos discours, *critiquant* tout bas nos actions. (J.-J. ROUSSEAU.)

Ici l'action est évidente, le participe présent peut se traduire par un mode personnel : *qui épient, qui critiquent*, l'action est instantanée ou de peu de durée.

On voit les uns animés au carnage, les autres ou *fuyants*, ou *mourants*, ou blessés. (FÉNÉLON.)

Ici ce sont des gens qui sont dans une situation, l'action a de la durée, elle devient une situation, de là l'accord.

219. — Le participe présent des verbes actifs ayant toujours un complément direct n'offre pas de difficulté ; mais le participe des verbes neutres n'est point dans le même cas, c'est le plus souvent le point de vue de l'écrivain qui lui fait préférer le participe à l'adjectif. Quelquefois même la position d'un adverbe ou d'une locution adverbiale change le participe en adjectif, comme dans les phrases suivantes qui sont extraites de nos meilleurs écrivains.

La plaine *retentissant* AU LOIN.	La plaine AU LOIN *retentissante.*
Les plaisirs *renaissant* EN FOULE.	Les plaisirs EN FOULE *renaissants.*
Ses cendres *fumant* ENCORE.	Ses cendres ENCORE *fumantes.*

Quand le mot douteux terminé par *ant* est suivi d'un complément, adverbe ou locution adverbiale, il est limité dans sa signification, c'est un participe ; mais si le complément précède, le mot en *ant* n'est plus restreint dans sa signification, il devient propre à peindre l'état, il devient adjectif.

Participe passif.

220. — Le participe passif marque une action reçue par le mot qu'il qualifie : vertu *éprouvée,* hommes *instruits.* Il a plusieurs terminaisons, *aimé, uni, teint, reçu, mort, mis, construit,* etc. Quand il est employé sans auxiliaire, comme qualificatif pur, il s'accorde en genre et en nombre avec le substantif auquel il se rapporte ; c'est un vrai adjectif.

Le fer est *émoussé,* les bûchers sont *éteints.* (VOLT.)
Nos amis sont *sortis,* votre sœur est *partie.*

221. — Tout participe passif joint à l'auxiliaire *être* s'accorde comme un adjectif avec le sujet du verbe. On excepte les verbes réfléchis,

où l'auxiliaire *être* est employé pour le verbe *avoir*. Nous en parlerons bientôt.

La Discorde *a* toujours *régné* dans l'univers. (LA FONT.)
Mes amis *ont parlé*, les cœurs sont attendris. (VOLT.)

222. — Le participe passif ne peut s'accorder qu'avec un mot qu'il qualifie. Quand le participe est joint à l'auxiliaire *avoir*, il ne peut s'accorder qu'avec un complément direct, qui précède ; les verbes neutres n'ont pas de complément direct, tout verbe neutre conjugué avec *avoir* a donc le participe passif invariable.

Souviens-toi de ceux qui t'ont *donné* LA VIE. (VOLT.)
Les solides trésors sont ceux QU'on *a donnés*. (L. RAC.)
Le luth et la lyre QU'ont *déshonorés* tes mains. (VOLT.)

223. — Tout participe passif d'un verbe actif s'accorde en genre et en nombre avec le mot qu'il qualifie, c'est à-dire avec son régime direct, s'il en est précédé, et reste invariable, comme dans le premier exemple, s'il n'en est pas précédé.

Cette règle est fondée en raison, car si le régime est inconnu lorsque l'on écrit le participe, comment faire accorder ce participe ? Quand le régime précède, c'est ordinairement un des pronoms *que, le, la, les, me, te, se, nous, vous.* On voit par le dernier exemple que le conjonctif *que*, se rapportant aux deux noms *luth* et *lyre*, force le participe à prendre le signe du pluriel. On voit encore, par cet exemple, que la place du sujet, avant ou après le verbe, ne change pas la règle.

Les deux ans QU'*a* duré notre liaison...(MARMONTEL.)
A quoi bon compter les jours QUE l'on *a vécu* ? (J.-J. R.)
Les trois lieues QUE j'*ai couru.*

224. — *Que*, devant un verbe neutre, ne

représente pas un régime direct ; dans ces exemples il signifie *pendant lesquels*, *par lesquelles* ; mais les verbes étant neutres, et se conjuguant avec *avoir*, ont le participe invariable.

> Les deux cents francs que mon cheval a *coûtés*.
> Les deux cents francs que mon cheval a *valus*.
> Les soins qu'il m'a *coûtés*, les honneurs qu'il m'a *valus*.

225. — Que les verbes *coûter* et *valoir* marquent le prix, la valeur des objets, ou qu'ils soient employés au figuré pour *causer* et *procurer*, leur participe est variable, d'après l'avis des meilleurs grammairiens modernes. Quelques uns le laissent invariable dans le premier cas, marqué par les deux premiers exemples.

> Le peu d'affection qu'il m'a *témoignée* m'a prouvé qu'il m'aime encore. Le peu d'affection qu'il m'a *témoigné* m'a prouvé qu'il ne m'aime plus.

226. — Dans le premier cas, *témoignée* varie, parce qu'il s'accorde avec le mot affection, il y a eu de l'*affection témoignée*, bien qu'en petite quantité. Dans le second cas, *témoigné* est invariable et s'accorde avec *le peu* qui marque ici *défaut*, *manque* : c'est par adoucissement dans les paroles que l'on dit *le peu*.

> Les *a-t-on vus* marcher parmi vos ennemis? (Racine.)
> Croyez-moi, les Romains, que j'ai trop su connaître,
> Méritent peu, mon fils, qu'on veuille être leur maître.
> (Voltaire.)

227. — Lorsque le participe d'un verbe actif est immédiatement suivi d'un verbe à l'indéfini (à l'infinitif), le complément qui précède les deux verbes est celui du participe, si ce régime peut devenir le sujet du verbe à l'indéfini que l'on change en un mode personnel : on les a *vus*

QUI marchaient. Mais si ce régime ne fait pas l'action du verbe à l'infinitif, il est lui-même le régime de cet infinitif, et ce second verbe est le régime du participe : *j'ai su* CONNAÎTRE *les Romains.* Étudiez le tableau suivant :

Nous *les* eussions *laissés* PASSER l'hiver à Paris. (MARMONTEL.)	Nous eussions *laissé eux,* ILS auraient PASSÉ l'hiver à Paris.
Les crimes *qu*'ils avaient *laissé* FAIRE. (FÉNÉLON.)	Ils n'ont pas *laissé les crimes* FAIRE quelque chose.
Cette femme, à peine *l'*avons-nous *entendue* PARLER. (FÉNÉLON.)	Nous avons à peine *entendu elle* QUI PARLAIT.
C'est une comparaison *que j'ai entendu* CITER. (FLORIAN.)	On n'a pas *entendu la comparaison* CITER quelque chose, elle était citée.
La femme *que j'ai vue* PEINDRE employait de belles couleurs.	J'ai *vu la femme* peignant ou QUI PEIGNAIT.
La femme *que j'ai vu* PEINDRE était très ressemblante.	Je n'ai pas vu la femme QUI PEIGNAIT, au contraire, on *la peignait.*

REMARQUE. Après les participes *dû, pu, voulu,* etc., on sous-entend quelquefois l'infinitif ou une proposition qui est le régime du participe ; ce participe ne peut donc varier :

J'ai jeté dans ma lecture toute la force que j'ai *pu.* (BOILEAU.)	Sous-entendu *jeter.*
Je lui aurais fait tous les vers qu'il aurait *voulu.* (VOLTAIRE.)	Sous-entendu *que je fisse.*
Je lui ai fait toutes les caresses que j'ai *dû.*	Sous-entendu *lui faire.*

228. — Quand le participe est séparé de l'indéfini par l'une des prépositions *à* ou *de,* la règle

d'accord est la même que pour le n° précédent.
Exemples.

La femme *que* vous avez *instruite* à ne DISSIMULER jamais. (MARMONTEL.)	La femme ne dissimulera pas, elle pourrait dissimuler.
Les erreurs *qu'*on a *commencé* A DÉTRUIRE. (D'ALEMBERT.)	On n'a pas commencé les erreurs, elles ne détruisent pas, au contraire.
Les gentilshommes *que* l'on avait *forcés* DE FUIR. (VOLTAIRE.)	Les gentilshommes ont fui, on les a forcés.
La vérité *qu'*ils ont craint DE VOIR. (FÉNÉLON.)	La vérité n'a rien vu, ils ont craint de la voir.

La lettre que j'ai *présumé que* vous recevriez. (MARM.)
La dépense qu'elle avait *compté que* je ferais. (LESAGE.)

229. — Le participe d'un verbe actif suivi de la conjonction *que* est invariable, puisqu'il a pour complément la proposition qui suit ce *que*.

Votre victoire est plus grande que vous ne *l'*avez *cru*.
(LA HARPE.)
L'affaire était plus sérieuse que nous ne *l'*avions *pensé*.
(LESAGE.)
La famine arriva comme Joseph *l'*avait *prédit*. (VOLT.)

230. — Dans ces sortes de phrases, le participe est invariable, parce que *l'* (*le*) tient la place d'une proposition entière, et qu'il ne se rapporte pas au substantif qui précède : *votre victoire est plus grande que vous n'aviez cru* QU'ELLE *serait grande*.

Que de larmes j'ai *versées!* (BARTHÉLEMY.)	*Que* d'herbe il *a foulé*. (BESCHER.)
Combien de devoirs j'ai *trahis!* (VOLTAIRE.)	*Combien* de viande j'ai *mangé!* (*Idem.*)

231. — Dans les exemples à gauche, le participe varie, parce que le nom pluriel exprime des

objets distincts à chacun desquels se rapporte le
participe : chaque larme a été *versée*, chaque
devoir *trahi*; *que* et *combien* expriment des collections. Il n'en est pas de même dans les phrases
à droite : le nom est singulier, *que* et *combien*
n'expriment qu'une partie de l'objet désigné par
le substantif, le sens est fractionnaire, le participe est en rapport avec *que* et *combien*, il est
invariable. Voilà pour les objets matériels; mais
cette règle si sage souffre quelquefois une exception avec un substantif *abstrait* :

> Jamais *tant de beauté* fut-elle couronnée? (Racine.)
> *Que de science* il a acquise !

Nous pensons qu'on ne ferait pas une faute en
mettant *acquis*.

Participe passif précédé du pronom EN.

> Cassius ne cherchait dans la perte de César que la ven-
> geance de quelques injures *qu'il en avait reçues*. (Vertot.)
> Je ne hais point les grands, j'en ai *vu* quelquefois
> Qu'un désir curieux attirait dans nos bois. (Voltaire.)

232. — Dans le premier exemple, *reçues* a
pour régime direct le pronom conjonctif *que*,
relatif à *injures*, il doit varier. Dans le second,
aucun régime direct ne précède, il est sous-entendu après le participe, de là son invariabilité :
j'en ai *vu* plusieurs, quelques uns, etc.

> Et de ce peu de jours, si long-temps attendus,
> Ah! malheureux, *combien* j'en ai *perdus!* (Voltaire.)
> Les faux dévots, *plus* j'en ai *connus*, *moins* j'en ai *estimés*.

233. — Dans ces phrases, le pronom *en* est
précédé d'un adverbe de quantité qu'il détermine, et il remplace le substantif pluriel auquel
il se rapporte : c'est comme s'il y avait *combien*

de jours j'ai *perdus*, *plus* de faux dévots j'ai *connus*, etc., phrases analogues à celles du n° 231. Le participe doit donc suivre la même règle, et c'est pourquoi l'on écrira : de cette eau, *combien* il *en* a *bu !* On ne peut se figurer sa peine, *tant* il *en* a *éprouvé.* (J.-J. Rousseau.)

Louis le Grand a fait, lui seul, plus d'exploits que les autres n'EN ont *lu.* (BOILEAU.)

234. — Dans ce cas, le mot *en* ne détermine plus d'une manière sensible l'adverbe de quantité *plus*, qui n'est exprimé que dans la première proposition, et l'usage le plus général est de laisser alors le participe invariable.

Participe passif des verbes réfléchis.

Cette femme *s'*en est *allée.* (ACADÉMIE.)
Nous *nous* sommes *moqués* de leurs menaces. (LESAGE.)
Des transports de joie *se* sont *emparés* de tous nos sens.
(VOLTAIRE.)

235. — Tout verbe essentiellement réfléchi a pour complément direct le pronom réfléchi qui le précède. On n'excepte que le verbe *s'arroger* dont le pronom est régime indirect.

Nous *nous* sommes *parlé.* (REGNARD.)
Elle *s'*est *plu* à me contredire. (ACADÉMIE.)
Que d'évènements *se* sont *succédé.* (VOLTAIRE.)
Ils *se* sont *ri* de mes projets.   (ID.)

236. — Dans les verbes réfléchis, l'auxiliaire *être* est employé par l'auxiliaire *avoir.* Tout verbe accidentellement réfléchi est actif ou neutre de sa nature ; tout verbe neutre conjugué avec *avoir* a le participe invariable, comme nous l'avons vu ; donc, tout verbe neutre qui se conjugue avec l'auxiliaire *avoir* a le

participe invariable, même quand il devient verbe réfléchi ou réciproque.

La porte du sérail devant moi *s'est ouverte,*
Et bientôt une esclave à mes yeux *s'est offerte.* (RAC.)

237. — Le participe d'un verbe réfléchi actif s'accorde avec le pronom réfléchi qui précède, s'il est régime direct, ce que l'on reconnaît en changeant l'auxiliaire : *la porte a ouvert* SOI ; *l'esclave a offert* ELLE.

1. Les fils de Saturne SE sont *partagé* l'univers.
2. La succession *qu'*ils SE sont *partagée.*
3. Les juges SE sont *partagés* dans cette question.

238. — Dans le premier cas, le régime direct est après le participe, de là l'invariabilité. Dans le second, *que,* régime direct, précède, de là l'accord. Dans le troisième, le pronom réfléchi *se* est lui-même complément direct et précède, accord.

Raisonnez ainsi tous les exemples, et les difficultés s'aplaniront :

Nous *nous* sommes *proposé* de vous peindre.	Nous avons *proposé à nous.*
Nous *nous* sommes *proposés* pour vous peindre.	Nous avons *proposé nous.*
Ils *se* sont *donné* mille peines.	Ils ont *donné à eux.*
Ils *se* sont *donnés* à Dieu.	Ils ont *donné eux.*

Le mauvais temps qu'*il y a eu.*
Les chaleurs qu'*il a fait.*
Les amis qu'*il m'a fallu.*

239. — Toutes ces phrases sont des gallicismes. Les verbes sont unipersonnels. Dans cette espèce de verbes, le participe est invariable.

Observations particulières.

Vois *par ce que* je suis ce qu'autrefois je fus.   (Delille.)
Et, *parce qu'*elle meurt, faut-il que vous mouriez? (Volt.)
Quoi que vous écriviez, évitez la bassesse.   (Boileau.)
Quoique vous soyez instruit, soyez modeste. (Académie.)

240. — 1°. Par ce que en trois mots signifie *d'après ce que, par la chose que*; parce que en deux mots signifie *à cause que*.

2°. Quoi que en deux mots signifie *quelque chose que*; quoique en un mot signifie *bien que*.

Quand on aura de vous quelque chose à prétendre,
    Accordez-le civilement;
    Et, pour obliger doublement,
    Ne le faites jamais attendre. (Fr. de Neufchat.)
    Je n'aurais jamais, *quant* à moi,
    Trouvé ce secret, je l'avoue.   (La Fontaine.)

241. — *Quand* prend un *d* final s'il a le sens de *lorsque*; *quant* prend un *t* devant *à* avec lequel il forme une préposition composée, et il a le sens de *pour ce qui est de*.

Je n'ai pu vous écrire *plus tôt*.   (Mme de Sévigné.)
Plutôt souffrir que mourir,
C'est la devise des hommes.   (La Font.)

242. — *Plus tôt* opposé à plus tard, s'écrit en deux mots; *plutôt*, en un mot, marque préférence ou différence.

DE L'ANALYSE GRAMMATICALE.

L'analyse grammaticale est l'art de décomposer les phrases, pour indiquer à quelle partie du discours appartient chaque mot, et quels en sont les rapports syntaxiques.

Cette analyse peut être plus ou moins compliquée. Pour les enfants qui débutent ce ne doit être qu'une simple nomenclature. Voici un modèle de cette analyse du premier degré.

Le	Article masculin singulier.
chêne	Substantif masculin singulier.
un	Adjectif masculin singulier.
jour	Substantif masculin singulier.
dit	Verbe au passé défini, 3ᵉ pers. du sing.
au	Article masculin singulier.
roseau :	Substantif masculin singulier.
Vous	Pronom de la 2ᵉ personne plur.
avez	Verbe au présent de l'indicatif, 2ᵉ pers. plur.
bien	Adverbe.
sujet	Substantif masculin singulier.
d' (de)	Préposition.
accuser	Verbe au présent de l'indéfini.
la	Article féminin singulier.
nature :	Substantif féminin singulier.
un	Adjectif masculin singulier.
roitelet	Substantif masculin singulier.
pour	Préposition.
vous	Pronom de la 2ᵉ personne plur.
est	Verbe au présent de l'indicatif, 3ᵉ pers. sing.
un	Adjectif masculin singulier.
pesant	Adjectif masculin singulier.
fardeau.	Substantif masculin singulier.

On peut augmenter ensuite les explications de la manière suivante.

Modèle d'analyse du second degré.

Le	Article simple masculin singulier.
moindre	Adjectif qualificatif masculin sing. comparatif de *petit*.
vent	Substantif commun masculin sing.
qui	Pronom conjonctif masc. sing. (Sert pour les 2 genres et les 2 nombres.)
d'aventure	Adverbe composé.
fait	Verbe actif au présent de l'indicatif, 3ᵉ pers. sing., 4ᵉ conjugaison.
rider	Verbe actif au présent de l'indéfini, 1ʳᵉ conj.
la	Article simple féminin singulier.
face	Substantif commun féminin singulier.
de	Préposition qui marque ordinairement un rapport de lieu.
l' (la)	Article simple féminin singulier.
eau	Nom commun féminin singulier.
vous	Pronom personnel masc., 2ᵉ pers. plur. (Il sert pour les 2 genres.)
oblige	Verbe actif au présent de l'indicatif, 3ᵉ pers. sing., 1ʳᵉ conj.
à	Préposition qui marque ordinairement un rapport de lieu.
baisser	Verbe actif au présent de l'indéfini, 1ʳᵉ conj.
la	Article simple féminin sing.
tête.	Substantif commun féminin singulier.

On voit que cette analyse ne diffère de la précédente que par l'indication des diverses espèces de *substantifs*, d'*adjectifs*, de *pronoms*, de *conjugaisons*, etc.

Le troisième degré d'analyse consiste à indiquer les sujets, les différents régimes, etc., etc. Voyez les modèles dans le volume des EXERCICES.

FIN.